KLEINE BETTLEKTÜRE
ÜBER LEBEN
UND ZEIT VON
FRANZ LISZT

Kleine Bettlektüre über Leben und Zeit von Franz Liszt

Scherz

AUSGEWÄHLT
UND ZUSAMMENGESTELLT
VON GÜNTHER SÜSSMILCH

Scherz Verlag, Bern München Wien

*Alle Rechte an der Auswahl vorbehalten
Das Copyright der einzelnen Texte liegt bei den
im Quellenverzeichnis genannten Inhabern
Schutzumschlag von Heinz Looser*

INHALT

Von Beethoven geküßt	7
Ausländer unerwünscht	12
Der wiedergeborene Mozart	15
Heinrich Heine spielt Franz Liszt	19
Für tot erklärt	29
Chopins Salon	35
Ein «furchtbarer Anprall»	44
Der punische Pianokrieg	50
«Das Orchester bin ich!»	57
Künstler und Virtuosen	65
Das Zauberwort «Tout»	69
Die Hemmungen des Johannes Brahms	76
«Weg mit allem Theaterdreck!»	80
Akkorde, die in der Luft liegen	84
Schwankende Gestalten	89
Die Schwiegersöhne	95
Ein Traum wird zunichte	98
Mephisto in der Soutane	101
Der Dirigent als Steuermann	103
Tod in Bayreuth	110
Quellennachweis	118

VON BEETHOVEN GEKÜSST

Franz Liszt wurde am 22. Oktober 1811 zwar in dem ungarischen Dorf Raiding geboren, doch war der berühmteste ungarische Musiker durchaus kein echter Ungar. Im Elternhaus wurde nur Deutsch gesprochen. Sein Vater, Rentmeister im Dienst des Fürsten Esterházy und ein begabter Musikamateur, gab dem Sechsjährigen den ersten Klavierunterricht – und löste damit eine rapide Entwicklung zum musikalischen Genie aus.

Schon früh beginnen sich in der Lebensgeschichte des Wunderkindes und Lebensvirtuosen Liszt Dichtung und Wahrheit zu vermischen. Über seine erste Begegnung mit Beethoven gibt es gleich zwei authentische Versionen. Die erste ist belegt durch Beethovens handschriftliche «Konversationshefte» und seinen Sekretär Anton Schindler.

Es war schwer, bei dem menschenscheuen und an die Welt der Töne hingegebenen Meister Zutritt zu erlangen. Zumal in jener Zeit. Seine *Missa solemnis* war erst im letzten Jahr vollendet (1823) und schon durchwogten wieder neue, großartige Pläne seinen Geist. Zwei große Symphonien, «jede anders wie seine übrigen», eine neunte und eine zehnte, und ein Oratorium wollte er komponieren und «viel dazu war schon ausgeheckt, im Kopfe nämlich». Von einer Oper «Melusine» war ebenfalls die Rede und im Hintergrund türmten andere großartige Projekte sich auf.

In solchen Zeiten mächtigsten Gärens entschwinden dem Genie die kleinen irdischen Fäden, welche man gewöhnlich «Pflichten» nennt und die Goethe so einzig mit «Forderungen des Tages» definiert hat. Je tiefere Aufgaben Beethoven beschäftigten, um so unzugänglicher, «zugeknöpfter», wie er es selbst nannte, und mürrischer erschien seine Außenseite. Nichtige Dinge, welche Zeit und Kraft kürzen und das Schaffen hemmen, hielt er sich fern. Er lebte seinem Genius, und Besuche von Fremden wurden meist zurückgewiesen.

Unter den letzteren scheint, nach Beethovens Konversationsheften vom April 1823 zu schließen, auch der kleine Franz Liszt, wahrscheinlich begleitet von seinem Vater, gewesen zu sein. Nichtsdestoweniger führte ein großes Anliegen den Knaben wieder in sein Vorzimmer. In einem der Konversationshefte steht von Schindlers Hand geschrieben:

«Der kleine Liszt hat mich dringend ersucht, Sie recht schön zu bitten um ein Thema, worüber er morgen im Konzert zu phantasieren wünscht. Er will es aber versiegelt haben und erst dort öffnen; mit der Phantasie des Kleinen ist es wohl noch nicht streng zu nehmen – der Bursche ist ein tüchtiger Klavierspieler; was die Phantasie anbelangt, so ist es noch weit am Tage, bis man sagen kann: er phantasiert.»

Beethoven schien interessiert und Näheres wissen zu wollen, worauf Schindler weiter schrieb:

«Leider, daß der Kleine in Händen des Czerny ist... Nicht wahr, Sie werden die etwas unfreundliche Aufnahme von letzthin dadurch gutmachen, daß Sie morgen das zweite Konzert des kleinen Liszt besuchen? – Es wird den Kleinen aufmuntern. – Versprechen Sie es mir, daß Sie hinkommen?»

Und der Meister versprach zu kommen. Ein Thema aber zum Phantasieren gab er nicht. Es war, scheint es, nicht weiter die Rede davon.

Dieses zweite Konzert war für den 13. April angesetzt und wurde im Redoutensaal abgehalten. Franz spielte dieses Mal unter anderem Hummels h-Moll-Konzert und schloß wieder mit einer «freien Phantasie»; allerdings über ein nicht von Beethoven erhaltenes Thema – der ganze Kummer des Knaben. Das zwanglose Sichgehenlassen am Klavier aber war ihm noch immer das liebste wie vor Jahren, wo er so gern mit seinen «lieben Tönen» gespielt hatte.

War das erste Konzert schon zahlreich besucht gewesen, so war es dieses zweite noch viel mehr. Der Saal war übervoll. Als der Knabe vor das Publikum trat, das Kopf an Kopf gedrängt erwartungsvoll zu ihm hinsah, gewahrte er in der Nähe des Podiums Beethoven, dessen ernstes Auge sinnend auf ihm ruhte. Franz war freudig erschrokken, die Anwesenheit des vergötterten Meisters jedoch verwirrte ihn nicht. Er fühlte das Auge, das auf ihn gerichtet war, aber sein Spiel wurde feuriger und glühender von Takt zu Takt und sein ganzes Wesen schien gehoben und entzündet von einer unsichtbaren Macht. So ging es von Satz zu Satz. Das Publikum lauschte überrascht und gab dann um so lauter und ungestümer sich seinen Empfindungen hin.

Als nun Franz seine Improvisation über ein unscheinbares Thema weit über alle Erwartung geendet hatte, wußte er kaum, wie ihm geschah. Ihm war wie im Traume. Das Publikum umwogte und umdrängte ihn – und hastig war Beethoven auf das Podium gestiegen und hatte ihn geküßt.

Und so schildert Liszt selbst die denkwürdige Begegnung:

Ich war ungefähr 11 Jahre alt [1822], als mein verehrter Lehrer Czerny mich zu Beethoven brachte. Schon lange vorher hatte er diesem von mir erzählt und ihn gebeten, mich einmal anzuhören. Allein Beethoven empfand solchen Widerwillen gegen Wunderkinder, daß er sich immer heftiger dagegen sträubte, mich zu empfangen. Endlich ließ er sich doch von dem unermüdlichen Czerny überreden und sagte zum Schlusse ungeduldig: «Also bringen Sie mir den Racker!» Es war um zehn Uhr morgens, als wir die zwei kleinen Stufen im Schwarzpanierhause, wo Beethoven wohnte, betraten, ich etwas schüchtern, Czerny mich freundlich ermutigend. Beethoven saß vor einem langen schmalen Tisch am Fenster und arbeitete. Er blickte uns eine Weile finster an, sprach mit Czerny ein paar flüchtige Worte und blieb schweigsam, als mein guter Lehrer mich ans Klavier winkte. Ich spielte zuerst ein kurzes Stück von Ries. Als ich geendet hatte, fragte mich Beethoven, ob ich eine Bachsche Fuge spielen könne. Ich wählte die c-Moll-Fuge aus dem *Wohltemperierten Klavier*. «Könntest du die Fuge auch gleich nach einer anderen Tonart transponieren?» fragte mich Beethoven. Zum Glücke konnte ich es. Nach dem Schlußakkord blickte ich auf. Der dunkel glühende Blick des großen Meisters lag durchdringend auf mir. Doch plötzlich zog ein mildes Lächeln über die düsteren Züge, Beethoven kam ganz nahe heran, beugte sich zu mir, legte mir die Hand auf den Kopf und fuhr mir streichelnd mehrmals über das Haar. «Teufelskerl!» flüsterte er. «So ein Racker!» Ich gewann plötzlich Mut. «Darf ich jetzt etwas von Ihnen spielen?» fragte ich keck. Beethoven nickte lächelnd. Ich spielte den ersten Satz aus dem C-Dur-Konzerte. Als ich fertig war, faßte mich Beethoven an beiden Händen, küßte mich auf die Stirn und sagte weich: «Geh! Du bist ein Glücklicher, denn du wirst viele Menschen beglücken und erfreuen. Es gibt nichts Besseres, Schöneres!»

Dieses Ereignis aus meinem Leben ist mein größter Stolz geblieben, das Palladium für meine ganze Künstlerlaufbahn.

AUSLÄNDER UNERWÜNSCHT

Im Dezember 1823 kommen die Liszts, nach einer erfolgreichen Konzertreise durch Deutschland, in Paris an, wo Franz zur weiteren Vervollkommnung seines bravourösen Klavierspiels das berühmte Conservatoire de Musique besuchen soll. Womit der ehrgeizige Wunderkind-Vater nicht gerechnet hat: Ausländern ist der Zugang zu der erlauchten Institution verwehrt, und ihr Direktor, der arrogante Modekomponist Luigi Cherubini, läßt sich partout nicht erweichen.

Gleich nach dem Tag unserer Ankunft in Paris eilten wir zu Cherubini. Ein sehr warmes Empfehlungsschreiben des Fürsten Metternich sollte uns ihm vorstellen. Gerade schlug es zehn Uhr – und

Cherubini befand sich bereits im Konservatorium. Wir eilten ihm nach. Als ich kaum das Portal, wohl richtiger gesagt, den häßlichen Torweg der Rue Faubourg-Poissonière durchschritten, überkam mich ein Gefühl tiefgewaltiger Ehrfurcht. «Das also», dachte ich, «ist der verhängnisvolle Ort. Hier in diesem ruhmvollen Heiligtum thront das Tribunal, das für immer verdammt oder für immer begnadigt» – und wenig hätte gefehlt, so wäre ich auf die Knie gesunken vor einer Menge Menschen, die ich alle für Berühmtheiten hielt und die ich doch zu meiner Verwunderung wie einfache Sterbliche auf und nieder gehen sah.

Da endlich nach einer Viertelstunde peinlichen Wartens öffnete der Kanzleidiener die Türe zum Kabinett des Direktors und machte uns ein Zeichen einzutreten. Mehr tot als lebend, aber in diesem Moment wie von überwältigender Macht getrieben, stürzte ich auf Cherubini zu, die Hand ihm zu küssen. In diesem Augenblick aber, und zum ersten Mal in meinem Leben, kam mir der Gedanke, daß dieses vielleicht in Frankreich nicht Sitte sei, und meine Augen füllten sich mit Tränen. Verwirrt und beschämt, ohne wieder das Auge aufzuschlagen zu dem großen Komponisten, der sogar gewagt, Napoleon die Stirne zu bieten, ging mein einziges Bemühen dahin kein Wort aus seinem Munde, keinen seiner Atemzüge zu verlieren.

Zum Glück dauerte meine Qual nicht lange.

Man hatte uns schon darauf vorbereitet, daß sich meiner Aufnahme ins Konservatorium Schwierigkeiten entgegenstellen würden, aber unbekannt war uns bis dahin jenes Gesetz der Anstalt, das entschieden jeden Fremden von der Teilnahme am Unterricht ausschließen sollte. Cherubini machte uns zuerst damit bekannt.

Welch ein Donnerschlag! Ich bebte an allen Gliedern. Nichtsdestoweniger verharrte, flehte mein Vater; seine Stimme belebte meinen Mut und ich versuchte ebenfalls einige Worte zu stammeln. Gleich dem kanaanäischen Weibe bat ich demütig, «mich mit dem Teil der Hündlein sättigen, mich wenigstens mit den Brosamen nähren zu dürfen, die von der Kinder Tische fallen»! Allein das Reglement war unerbittlich – und ich untröstlich. Alles schien mir verloren, selbst die Ehre, und ich glaubte an keine Hilfe mehr. Umsonst versuchte mein Vater mich zu beruhigen. Die Wunde war zu tief und blutete noch lange fort.

DER WIEDERGEBORENE MOZART

Die Enttäuschung wird gemildert durch über alle Maßen bejubelte Konzertauftritte vor dem als verwöhnt geltenden Pariser Publikum. Der Musikkritiker A. Martainville gerät über die «Erscheinung» Liszts geradezu in übersinnliche Verzückung.

Ich kann nicht umhin: Seit gestern abend glaube ich an die Seelenwanderung. Ich bin überzeugt, daß die Seele und der Geist Mozarts in den Körper des jungen Liszt übergegangen sind, und niemals hat sich die Identität durch deutlichere Zeichen offenbart: dasselbe Vaterland! dasselbe wunderbare Talent in der Kindheit und in derselben Kunst! Ich berufe mich deshalb auf alle die, welche das Glück hatten, den wunderbaren kleinen Künstler zu hören.

Kaum kann er seine kleinen Arme bis zu den beiden entgegengesetzten Enden der Klaviatur ausstrecken, kaum erreichen seine kleinen Füße die Pedale, und doch ist dieses Kind ohne Vergleich, ist es der erste Klavierspieler Europas, ja der große Ignaz Moscheles selbst würde sich durch diese Versicherung nicht beleidigt fühlen.

Mozart hat, indem er den Namen Liszt annahm, nichts von diesem niedlichen Gesicht verloren, welches immer das Interesse vermehrt, zu dem uns ein Kind durch sein frühreifes Talent begeisterte. Die Gesichtszüge unseres kleinen Wunderkindes sprechen Geist und Munterkeit aus. Er selbst stellt sich uns mit vieler Anmut dar und das Vergnügen, die Bewunderung, die es, sobald seine Finger auf den Tasten herumschweifen, bei den Zuhörern erregt, scheinen für ihn ein Spiel, eine Unterhaltung, die ihn sehr belustigt, zu sein.

Es fällt ihm nicht schwer, ein Tonstück von außerordentlicher Schwierigkeit mit der vollkommensten Präzision, mit Sicherheit und unerschütterlicher Ruhe, mit kühner Eleganz und doch mit einem durch alle Schattierungen köstlichen Gefühl, mit einem Wort, es mit einer Vollkommenheit vorzutragen, welche die geschicktesten Künstler, die schon seit dreißig Jahren dieses so schöne und so schwere Instrument studiert und es geübt haben, zur Verzweiflung bringt.

Um eine Idee des Eindrucks zu geben, welchen die Zuhörer empfinden mochten, erwähne ich nur die Wirkung, die sein Spiel auf die Musiker des Orchesters der Italienischen Oper, des besten in Frankreich und Europa, hervorbrachte. Augen, Ohren und Seele waren an das magische Instrument des jungen Künstlers gefesselt. Sie vergaßen darüber, daß sie selbst Mitwirkende in diesem Konzert waren, und alle Instrumente blieben bei dem Einfallen des Ritornells aus. Das Publikum bezeugte durch sein Lachen und Klatschen, daß es ihnen von Herzen eine Zerstreutheit vergab, die vielleicht die anerkennendste Huldigung war, welche das Talent des kleinen Wunderkindes jemals empfangen hat.

Man hatte zu Anfang das Instrument ziemlich ungeschickt aufgestellt, indem der Schweif, wie gewöhnlich, gegen das Publikum gerichtet und Liszt dadurch ganz von seinem Notenpult verdeckt war. Die Zuhörer sprachen den Wunsch aus, das Kind auch gern sehen zu wollen; man veränderte nun die Richtung des Instruments und stellte es so, daß der Spielende dem Kapellmeister den Rücken wendete. Ohne durch diese neue Ungeschicklichkeit außer Fassung gebracht zu sein, spielte er mit derselben Überlegenheit, die er schon in dem Konzert entfaltet hatte, ein variiertes Thema von Czerny, der sein Lehrer gewesen sein soll, wenn es überhaupt wahr ist, daß er je einen gehabt. Kaum sah er in langen Zwischenräumen seine Noten. Seine Augen schweiften unablässig in dem Saal umher; und er begrüßte durch freundliches Zulächeln und Kopfnicken die Personen, die er in den Logen erkannte.

Endlich warf Liszt Pult und Notenheft beiseite, überließ sich in einer freien Phantasie seinem Genius; und hier fehlen alle Worte, um die Bewunderung auszudrücken, die er alsbald erregte. Nach einer harmonisch zusammengefügten Einleitung nahm er Mozarts schöne Arie aus der *Hochzeit des*

Figaro, «Non piu andrai», zum Thema. Wenn, wie ich früher schon gesagt habe, Liszt durch eine glückliche Seelenwanderung nur ein fortgesetzter Mozart ist, so hat er sich selbst den Text geliefert.

Sie haben gewiß schon gesehen, wie ein Kind einen Käfer, welcher unbewußt umherflattert, an einem seidenen Faden oder einem langen Haar gebunden hält und seinen schnellen Bewegungen folgt, den Faden entschlüpfen läßt, um ihn rasch wieder zu ergreifen; den Flüchtling an sich zurückzuziehen, um ihn wieder fliegen zu lassen: Nun, so haben Sie ungefähr einen Begriff von der Art, wie Liszt mit seinem Thema spielt, wie er es verläßt, um sich seiner plötzlich wieder zu bemächtigen, es noch einmal verliert, um es ebenso rasch wiederzufinden, wie er es durch die überraschendsten Modulationen, glücklichsten und unerwartetsten Übergänge durch alle Tonarten führt; und alles dies inmitten der staunenswertesten Schwierigkeiten, die es scherzend nur zu schaffen scheint, um das Vergnügen zu haben, über sie zu triumphieren.

Die lebhaftesten Beifallsbezeigungen und wiederholter Hervorruf hallten im Saale wider. Die Beweise des Vergnügens und der Bewunderung waren unerschöpflich sowie die zarten Hände der holden Zuhörerinnen unermüdlich waren. – Das glückliche Kind dankte lächelnd.

HEINRICH HEINE SPIELT FRANZ LISZT

Wenn man der Darstellung A. O. v. Pozsonys Glauben schenken darf, begann die Vorgeschichte zu Liszts erster großer Liebe wie eine gut inszenierte Komödie. Doch sie endete sowohl für Caroline de Saint-Cricq, die Tochter des französischen Innenministers, wie auch für Franz tragisch.

Es war im Frühling. Eine süße Mädchenstimme, deren Zaubertöne mit dem Duft der Blumen zu ihm herüberdrangen, entflammte rasch das leicht entzündbare Herz Heinrich Heines, welcher bald nur noch den Wunsch hatte, die Bekanntschaft seiner schönen Nachbarin zu machen. Er zog Erkundigungen ein, und das Endresultat war, daß der Dichter sich entschloß, sich als Nachbar unter irgendeinem Vorwande bei Frau von Rossny einzuführen. Eine besondere Rücksicht hielt ihn jedoch zurück: Heine war damals noch in Paris als Dichter wenig gekannt. Er bedachte, daß er doch seinen Namen nennen müsse. Er hätte nach Belieben den Namen des obskursten Schreibers oder Gewürzkrämers nennen können. Es waren hundert gegen eins zu wetten, daß eine mit Heinrich Heine unterzeichnete Nachricht den Damen lächerlich scheinen würde, und dann war alles verloren. Was war also zu tun? Er mußte einen glücklichen Zufall abwarten, sein Talent noch mehr dem verehrten Publikum bekannt machen und die Luftkorrespondenz mit Versen und Gesang pflegen, um sich eines schönen Tages seinen schönen Nachbarinnen auf eine geschickte Weise zu nähern.

Mehr als drei Wochen verstrichen, ohne daß Heine nur um einen Schritt vorgerückt wäre. Eines Abends endlich bot er zwei Damen, welche beim Herausgehen aus dem Boulevard-Theater ihres Wagens vergebens harrten, seinen Schutz an, um sie vor den aufdringlichen Verfolgungen einiger Laffen zu schützen. Es war Irma von Rossny und ihre Nichte Caroline; erstere erkannte sogleich ihren Nachbar und dankte ihm in verbindlichen Ausdrücken für den ihr geleisteten Beistand. Da der Wagen nicht kam, ein anderer nicht zu haben war, so beschloß man, den Weg zum Hotel zu Fuß zurückzugehen.

Auf dem etwas langen Wege erwähnte Heine jenes ungarische Lied, das ihn so entzückt hatte. «Es ist von Franz Liszt», sagte Caroline erläuternd. Irma sprach von ihrer Vorliebe für Akustik im allgemeinen, und besonders von ihrem sehnlichen Wunsche, den berühmten Liszt, welcher damals gerade aus England zurückgekehrt war und Eklat machte, zu hören.

«Kennen Sie ihn?» fragte sie ihren Begleiter.

«O sehr genau», erwiderte Heine, und zugleich dämmerte eine abenteuerliche, tollkühne Idee in ihm auf, worin er durch die folgenden Worte der Frau von Rossny noch bestärkt wurde:

«Ach, wie glücklich sind Sie!»

Als die kleine Gesellschaft vor dem Hotel ankam, trennte sie sich auf der einen Seite mit den Ausdrücken des wärmsten Dankes, und auf der anderen mit tausend Versicherungen der Ergebenheit, ohne daß jedoch nur ein Wort den Kavalier ermächtigte, diese gelegentliche Bekanntschaft durch Besuche fortzusetzen.

Dies stimmte jedoch mit Heines Plan keineswegs überein. Er fand Gefallen an Irma und wollte um jeden Preis die Bekanntschaft fortsetzen. Die Bahn war bereits gebrochen, und er schrieb am folgenden Morgen an Frau von Rossny folgendes Billet:

Gnädige Frau!
Sie haben sich sehr gütig über mein Talent geäußert und dabei den Wunsch ausgedrückt, meine Person kennenzulernen. Ein solcher Wunsch ist Befehl für mich; ich werde die Ehre haben, mich zwischen zwölf und ein Uhr bei Ihnen einzufinden und mich glücklich schätzen, wenn Sie mich nicht abweisen!   Franz Liszt.

Man denke sich das Erstaunen der Frau von Rossny, als sie dieses Billett erhielt! Noch größer war ihre Verwunderung, als sie zur bestimmten Stunde ihre Begleitung vom Vorabend, ihren Nachbar, eintreten sah. «Hier bin ich, meine Gnädige», sagte er mit einer zierlichen Verbeugung. «Sie wünschen, Liszt kennenzulernen – *ich bin Liszt!*» Diese wenigen Worte brachten einen magischen Eindruck bei den beiden Damen hervor. Heine hatte ganz richtig kalkuliert; ein Künstlername ist ein unwiderstehliches Blendwerk für schwärmerisch gestimmte Seelen, und gerade zu diesen gehörten Frau von Rossny und Caroline. Die Glorie des Künstlerruhmes, wovon die Frauen ihres Nachbars Haupt umstrahlt wähnten, wirkte in einer Stunde mehr als die eifrigsten Bemühungen um die Gunst des Empfanges, die ein anderer in langer Zeit erreicht haben würde. Genug, nach wenigen Tagen war Heine erklärter, begünstigter Gesellschafter der reizenden Frau. Weiter freilich kam Heine trotz seiner Bemühungen keinen Schritt. Die Damen fanden seine Gesellschaft sehr amüsant. Irma fand Heine sogar sehr angenehm, aber das war alles. Sooft Heine von Liebe und Anbetung sprach, lachte Irma. Und wie schön war sie, wenn sie lachte! Heine war entschlossen, auszuharren um jeden Preis, als ein Anschlagezettel, welcher ein Konzert Franz Liszts ankündigte, einen bitteren Tropfen in den Freudenbecher Heinrich Heines fallen ließ. Kaum hatte Frau von Rossny den Zettel gelesen, als sie sich fest vornahm, mit Caroline ins Konzert zu gehen, allein der

Pseudo-Liszt hatte sehr triftige Gründe, dies zu verhindern. Er schützte die Wirkungen der allgewaltigen Liebe und die daraus entstehende Schüchternheit vor.

«Ich liebe Sie zu sehr», sagte er; «wenn Sie da wären, würde ich die Fassung verlieren. – Ich würde schlecht spielen, würde mich kompromittieren. Und wie sehr kann ein einziger Verstoß dem Ruf eines Künstlers schaden! Sie zürnen mir, weil ich zu Ihnen von Liebe sprach, aber Sie würden meinen Ruf vernichten, wenn Sie durch Ihre Gegenwart mein Spiel störten.»

«Aber auf diese Weise werde ich Sie nie spielen hören.»

«Doch – später, wenn ich mich an Ihre Gegenwart bei meinem Spiel gewöhnt habe.»

«Gut, ich werde mit Caroline also Ihr Konzert nicht besuchen, wenn Sie mir versprechen, morgen abend mir und Caroline die einzelnen Stücke, die Sie dem Publikum bieten, vorzuspielen.»

«Unmöglich», sagte Heine.

«Warum unmöglich?» fragte Frau von Rossny ärgerlich.

«Ganz einfach aus demselben Grunde, weshalb ich im Konzert nicht spielen kann, wenn ich Sie im Saale anwesend weiß.»

Irma liebte Heine, den vermeintlichen Liszt, zwar nicht, aber sie fand ihn als Gesellschafter sehr amüsant und wollte den Virtuosen einer Gefahr nicht aussetzen. Sie versprach, an dem verhängnisvollen Abend das Haus nicht zu verlassen, und sie hielt Wort. Am folgenden Tage kam Heine glücklicher, wonnestrahlender als jemals zu ihr. Liszt hatte herrlich gespielt, die Tagblätter waren seines Lobes voll, und wenn Heine seiner Angebeteten auch den Ohrenschmaus versagt hatte, so erlaubte er ihr doch sehr gerne, die Journale zu lesen, welche ihr wie ein fernes Echo die Zaubermelodien wiederholten.

Wie groß auch die Überredungskunst Heines über die Frau von Rossny war, so konnte er doch nicht verhindern, eines Abends in das Théâtre Feydeau zu gehen, wo der berühmte Konradin Kreutzer sich hören lassen wollte. Frau von Rossny wollte diesen Virtuosen selbst hören. Anfangs erklärte ihr Heine, daß er sie nicht ins Theater begleiten werde, aber Frau von Rossny ließ sich nicht irremachen, ebensowenig Caroline. Endlich entschloß sich Heine, mit den Damen das Theater zu besuchen. Er nahm eine Loge und hielt sich im Hintergrunde, um nicht den Eindruck zu erwecken, daß er eifersüchtig auf den Ruhm eines Nebenbuhlers ist. Er saß ganz ruhig hinter Frau von Rossny und Caroline und ahnte keineswegs die Katastrophe, welche seiner wartete. Die ersten auf dem Programm genannten Stücke waren bereits gespielt, und es kam die Reihe an Kreutzer. Allein anstatt des letzteren trat der Kapellmeister vor und zeigte dem Publikum an, daß Kreutzer infolge einer plötzlichen Unpäßlichkeit nicht spielen könne, aber daß der im Theater anwesende Franz Liszt erbötig sei, ihn zu ersetzen. Diese Anzeige wurde mit lautem Beifall aufgenommen, aber auf die in der Loge befindlichen drei Personen wirkte sie gleich einem elektrischen Schlag.

«Wie?!» rief Frau von Rossny, sich an Heine wendend: «Sie sollen spielen? Wie geht das zu? Ohne daß man vorher eine Silbe mit Ihnen geredet, ohne zu wissen, ob Sie damit einverstanden sind?»

«Ja, Sie haben recht!» rief Heine, wie ein Rasender aus der Loge eilend.

«Aber wohin wollen Sie denn?» rief Caroline hinter ihm her.

«Ach! Ich muß mich mit den Leuten auf der Bühne verständigen.» Mit diesen Worten stürmte Heine aus der Loge direkt hinter die Kulissen des Theaters und hielt Liszt, den er kannte und der gerade auf die Bühne treten wollte, mit den Worten zurück:

«Lieber Freund, treten Sie nicht auf!»

«Warum nicht?» fragte Liszt erstaunt.

«Weil ich sonst verloren bin.»

«Wie ist das möglich?»

«Das werde ich Ihnen ein andermal erzählen, nur bitte ich Sie, mich nicht dem Spott einer Frau preiszugeben, die ich liebe, die ich anbete. Treten

Sie nicht auf. Spielen Sie nicht, denn jeder Ton, den Sie auf dem Wimmerholz hören lassen, der das Publikum zu Beifall hinreißen wird, zerschmettert mich.»

«Ich verstehe Sie nicht.»

«Vorläufig ist dies auch nicht notwendig, nur bitte ich Sie, werden Sie krank, lassen Sie verkünden, daß Sie plötzlich von einem Schwindel befallen wurden», rief Heine immer dringender.

In diesem Augenblick trat der Regisseur des Theaters an Liszt heran und ersuchte ihn, da die Pause vorüber war, die Bühne zu betreten und zu spielen.

«Sie sehen, lieber Freund, daß es mir unmöglich ist, Ihrem Wunsch zu willfahren», sagte Liszt und trat auf die Bühne.

Ein Sturm von Beifall begrüßte den Jüngling, hundert Stimmen nannten im Parterre und in den Logen halblaut seinen Namen: «Liszt! Seht, da ist Liszt!»

«Nein, das ist Liszt nicht! Das ist ein Betrüger!» rief Frau von Rossny mit halb vor Wut und Zorn erstickter Stimme dazwischen. Einige über diese Äußerung erstaunte Personen in der Nachbarloge geboten Ruhe, und bald war alles still. Liszt spielte vortrefflich, wie immer. Frau von Rossny wußte nicht, was sie denken sollte, bis sie endlich durch Heines lange Abwesenheit die schreckliche Täuschung erriet. Ein Orkan von Beifall durchbrauste den Saal, nachdem Liszt sein Spiel beendet. Man rief und winkte ihm zu, die Damen erhoben sich, um besser den jungen, hübschen Mann betrachten zu können, als er nochmals vortrat und sich dankend verneigte. Als Liszt von der Bühne abgetreten war, fand er Heine in einem Stuhl sitzend und vor sich hinstarrend. Teilnahmsvoll näherte sich Liszt und fragte: «Sagen Sie mir nun, lieber Heine, was das alles zu bedeuten hat?»

Nun begann Heine zu erzählen, auf welche Weise er sich bei seinen Nachbarinnen Eingang verschafft und wie liebevoll ihn die beiden Damen empfingen, weil sie Liszt vor sich zu sehen glaubten.

Liszt lachte herzlich und fragte dann: «Also sind zwei Damen im Hause, und welche von den beiden Damen lieben Sie?»

«Natürlich die ältere, das heißt, wenn ich sage die ältere, so will ich damit nicht eine alte Dame andeuten, sondern ein reizendes Wesen, deren Existenz höchstens zwanzig Frühlinge überdauerte.»

«Und die jüngere?»

«Eine kaum aufgeblühte Rose, lieber Freund, schön wie ein Maienmorgen.»

«Frei?» fragte Liszt mit schelmischem Lächeln.

«Soweit man frei ist, wenn man aus der Pension eines Klosters nach Paris kommt!»

«Lieber Freund», begann Liszt, «dann kann das

Unglück, das Sie angerichtet zu haben glauben, unser beider Glück werden! – Ihnen, als Dichter, wird es nicht schwer fallen, die kleine Intrige, durch welche Sie in das Haus kamen, zu entwirren. Gestehen Sie, daß Sie, nur um das Glück zu haben, in der Nähe Ihrer Dame zu weilen, zu dem Mittel griffen, sich meines Namens zu bedienen, daß Sie sich jeder Strafe unterwerfen und um die Erlaubnis bitten, morgen mittag den echten, unverfälschten Franz Liszt den Damen vorstellen zu dürfen.»

«Mensch, Ihre Idee ist unbezahlbar; schade, daß Sie Musiker und nicht Dichter geworden sind», rief Heine lebhaft aus.

Wie Liszt Heine riet, so wurde der Plan ausgeführt. Um halb zwölf Uhr mittags besuchte Liszt Heine in seiner Wohnung, und um zwölf Uhr fanden sich beide im ersten Stock des Hotels, in welchem Frau von Rossny logierte, in deren Salon er jetzt eingeführt werden sollte. Durch einen Zufall hatte es Heine unterlassen, den Namen der Damen zu nennen. Als Liszt jetzt den Namen hörte, erschrak er heftig.

«Was haben Sie?» fragte Heine.

«Um Gottes willen, das ist doch nicht die intrigante, klatschsüchtige Gattin des Gesandtschaftssekretärs Rossny?»

«Dieselbe!»

«Dann lassen Sie mich fort, um keinen Preis

will ich mit dieser Frau in Berührung kommen. Der Boden brennt unter meinen Füßen; lassen Sie mich fort!»

Liszt wollte gehen, als sich die Tür öffnete, Caroline auf der Schwelle erschien und die Herren bat, einzutreten. Liszt starrte Caroline einen Moment an. Nicht nur die Schönheit, sondern ein eigenartiges Gefühl war es, das ihn bannte. Dieser Moment entschied für einen Teil seines Lebens. Genauer gesagt: In diesem Augenblick begann eine Tragödie, deren Ende einen schmerzlichen Abschnitt in beider Leben bildete.

FÜR TOT ERKLÄRT

Carolines Vater bereitete der Liebschaft seiner Tochter mit einem Musikus ein jähes Ende, indem er sie zwang, einen «Mann von Adel» zu heiraten. Die Folge: Voneinander getrennt, wurden sowohl Caroline als auch Franz schwermütig. Lina Ramann berichtet darüber in ihrer großen Liszt-Biographie (1880).

Den Gemütserschütterungen, welche die Trennung von Caroline hervorgerufen, dem Entsagungskampf, der mit ihr verknüpft war, sowie dem religiösen Brand seiner Seele war sein jugendlicher Körper nicht gewachsen. Auch das Ungeregelte seiner Lebensweise trug das Seinige dazu bei: Er erkrankte. Es trat eine Nervenabspannung ein, die sehr bedenklich wurde. Alle Lebenskräfte schienen sich erschöpfen und Geist und Körper alle Tätigkeit versagen zu wollen. Ein ähnlicher Zustand, wie in seinen Kinderjahren, bemächtigte sich seiner. Er verlor täglich an Kraft. Trotzdem schleppte er sich im Gefühl seiner Pflichten für seine Mutter fort, um seine Unterrichtsstunden zu geben, brach aber mehrmals ohnmächtig zusammen.

Allmählich nahmen seine Kräfte so ab, daß er das Haus gar nicht mehr verließ. Er schloß sich ab vom Leben. Niemand durfte mehr zu ihm. Er wollte einsam sein. Und als die Mutter in der Absicht, ihn diesem Zustand vielleicht entreißen zu können, Freunde zu ihm ließ, verschloß er sich vollends und mied selbst sie. Wochenlang sah sie ihn nur bei Tisch, wo er schweigend ihr gegenübersaß, sein tiefliegendes Auge fest auf einen Punkt gerichtet.

Als man in Paris ihn gar nicht mehr sah, auch seine Freunde nichts mehr von ihm hörten, wurde er, wie schon einmal in seiner Kindheit, für tot erklärt. Fand sich diesmal auch kein Tischler vor, der im geschäftlichen Eifer schon einen Sarg für ihn baute, so war die Annahme, er sei tot, doch so verbreitet und von solcher Teilnahme begleitet, daß der *Etoile* sich veranlaßt sah, ihm einen Nekrolog zu widmen. Derselbe erschien gegen Winteranfang des Jahres 1828 und lautete:

Tod des jungen Liszt

Der junge Liszt starb zu Paris. In einem Alter, welches viele andere Kinder kaum an die Schule denken läßt, hatte er bereits Publikum durch seine Erfolge für sich eingenommen. Mit neun Jahren, wo andere kaum ihre Sprache stammeln können, improvisierte er zum Erstaunen der Meister am Klavier und doch nannte man ihn nur «Le petit Litz», womit man seinen Namen mit jener anmutigen Kindlichkeit, aus der er nie herausgetreten, zu verbinden suchte. – Als er das erste Mal in der Oper improvisierte, ließ man ihn hierauf die Runde durch die Logen und Galerien machen, wo er von allen Damen geliebkost wurde; in ihrer naiven und dem Alter des Künstlers angepaßten Bewunderung glaubten sie, ihn nicht besser belohnen zu können, als wenn sie ihn mit Küssen und gebrannten Mandeln beschenkten und mit der einen Hand Bonbons darboten, während die andere in seinem blonden Seidenhaar spielte.

Dieser außerordentliche Knabe vergrößert die Liste der frühreifen Kinder, welche auf der Erde nur erscheinen, um zu verschwinden, den

Treibhauspflanzen gleichend, die einige herrliche Früchte tragen, aber an der Anstrengung, sie hervorzubringen, sterben. Auch Mozart, der wie Liszt durch seine Frühreife in Erstaunen setzte, starb mit fünfunddreißig Jahren; aber er erkaufte einige Lebensjahre durch so viele Leiden und so vielen Kummer, daß auch vielleicht für ihn ein noch früherer Tod eine Wohltat gewesen wäre.

Betrachtet man alle die Gefahren, denen das Talent ausgesetzt ist, alle die Ungeheuer, die sich um das Genie reihen, es unablässig verfolgen und bis zu seinem letzten Schritt begleiten; bedenkt man, daß jeder Erfolg den Neid erweckt und indem er die Mittelmäßigkeit erröten macht, die Intrige aufstachelt, so wird man vielleicht finden, daß es glücklicher für die Blume war zu verblühen, als der Stürme zu warten, welche später möglicherweise sich auf sie stürzen und sie zerknicken würden. Der junge Liszt hat bis jetzt nur Bewunderer gehabt. Sein Alter war ein Schild, der alle Pfeile von ihm abwehrte. «Er ist ein Kind», sagte man bei jedem Erfolg, und der Neid ergab sich in Geduld. Aber wäre er älter geworden, hätte der ihn belebende Götterfunke sich mehr entwickelt, dann würde man nach Fehlern gesucht, dann würde man seine Verdienste geschmäht und – wer weiß es? – sein Leben bis ins Innerste vergiftet haben. Er würde die Launen der Macht, die Ungerechtigkeiten der Gewalt haben kennenlernen, er würde von dem rohen Anfall nichtswürdiger und gehässiger Leidenschaften erdrückt worden sein, anstatt, wie jetzt, eingehüllt in sein Bahrtuch, den Schlaf der Kindheit von neuem zu beginnen und vielleicht mit der Sehnsucht, den Traum von gestern fortzusetzen, einzuschlummern.

Franz Liszts Mutter las diesen Nachruf mit Schrecken und Kummer. Er schien ihr eine unheilvolle Vorbedeutung. Auch Franz las ihn, aber ohne davon berührt zu sein; seine Apathie hatte den höchsten Grad erreicht. Das waren trauervolle, bange Tage für die arme Mutter. Bereits mehrere Monate hatte dieser Zustand gewährt, und der Arzt befürchtete, daß die Erschöpfung in eine schnelle Auszehrung übergehen würde. Allein, es sollte besser kommen. Seine durch und durch gesunden Organe reagierten gegen ein solches Ende.

Der apathische Zustand, in welchem der Jüngling sich Wochen und Wochen befand, war mehr eine Krise, während welcher sein überreiztes Nervensystem sich ausruhte. Seine Natur hatte zur Erhaltung ihrer selbst sich eine Ruhepause geschaffen. Als sie ihren Zweck erreicht, ließ, wenn auch langsam, die Erschöpfung nach, und in dem Maße, in welchem sie nachließ, ward sein Tätigkeitssinn und seine Teilnahme für das Leben wieder regsam. Er las wieder, die Besucher wurden weniger abgewiesen als bisher, und hier und da begegnete man ihm wieder in einem Salon.

Sechzehn Jahre später (1844), nach einer erschütternd schmerzlichen Wiederbegegnung mit Caroline, vertonte Franz Liszt ein Gedicht von Georg Herwegh, das vollkommen seiner Stimmung entsprach:

Ich möchte hingehn wie das Abendrot
Und wie der Tag in seinen letzten Gluten –
O leichter, sanfter, ungefühlter Tod! –
Mich in den Schoß des Ewigen verbluten.

Ich möchte hingehn wie der heitre Stern,
Im vollsten Glanz, in ungeschwächtem Blinken;
So stille und so schmerzlos möchte gern
Ich in des Himmels blaue Tiefen sinken.

Ich möchte hingehn wie der Blume Duft,
Der freudig sich dem schönen Kelch entringet
Und auf dem Fittich blütenschwangrer Luft
Als Weihrauch auf des Herren Altar schwinget.

Ich möchte hingehn wie der Tau im Tal,
Wenn durstig ihm des Morgens Feuer winken;
O wollte Gott, wie ihn der Sonnenstrahl,
Auch meine lebensmüde Seele trinken!

Ich möchte hingehn wie der bange Ton,
Der aus den Saiten einer Harfe dringet,
Und, kaum dem irdischen Metall entflohn,
Ein Wohllaut in des Schöpfers Brust erklinget.

Du wirst nicht hingehn wie das Abendrot,
Du wirst nicht stille wie der Stern versinken,
Du stirbst nicht einer Blume leichten Tod,
Kein Morgenstrahl wird deine Seele trinken.

Wohl wirst du hingehn, hingehn ohne Spur,
Doch wird das Elend deine Kraft erst schwächen;
Sanft stirbt es einzig sich in der Natur,
Das arme Menschenherz muß stückweis brechen.

CHOPINS SALON

Franz Liszts umfangreichste schriftstellerische Arbeit ist eine informationsreiche und tiefgründige Monographie über seinen Freund Frédéric Chopin, in dessen Salon sich ab 1833 die arrivierte Pariser Künstlerwelt traf.

Die hervorragendsten Geister von Paris begegneten sich häufig in Chopins Salon. Wenn auch nicht in jenen periodisch wiederkehrenden phantastischen Künstlervereinigungen, wie sie die müßige Einbildungskraft gewisser zeremoniös gelangweilter Zirkel sich vorstellt und wie sie doch nie existierten, da Frohsinn, Aufgelegtheit und Begeisterung niemanden und wohl am wenigsten dem wahren Künstler zu festgesetzter Stunde kommen. Alle leiden sie ja mehr oder weniger an der «heiligen Krankheit», verletztem Ehrgeiz, oder menschlicher Ohnmacht, deren Betäubung und Lähmung sie erst abschütteln, deren kalte Schmerzen sie vergessen müssen, um sich an jenen Feuerwerkspielen zu zerstreuen, durch die sie sich auszeichnen und die das Staunen der gaffenden Menge erregen, wenn sie von weitem ein buntes bengalisches Licht, eine Flammenkaskade, einen harmlosen feurigen Drachen erblickt, ohne doch den Geist zu verstehen, der sie hervorrief.

Leider sind Frohsinn und Aufgelegtheit auch bei Dichter und Künstler dem Zufall unterworfen. Einige Bevorzugte unter ihnen haben allerdings die glückliche Gabe, ihr inneres Mißbehagen zu überwinden, sei es, um ihre Last leichter zu tragen und mit ihren Reisegefährten über die Beschwerden des Weges zu scherzen, oder sei es, um eine milde Heiterkeit zu bewahren, die als Pfand der Hoffnung und des Trostes die Traurigsten belebt, die Mutlosesten aufrichtet und ihnen, so lange sie in dieser linden Atmosphäre verweilen, eine Freiheit des Geistes verleiht, die um so leichter überschäumt, je mehr sie mit ihrer gewohnten Bekümmernis und Übellaunigkeit kontrastiert. Doch die allzeit offenen und heiteren Naturen sind Ausnahmen, sie bilden die schwache Minderheit. Die große Überzahl der mit Einbildungskraft Begabten, der allen Eindrücken leicht Zugänglichen und dieselben künstlerisch Gestaltenden bleibt unberechenbar in allen Dingen, zumal bezüglich der Heiterkeit.

Chopin gehörte im Grunde weder zu denen, die beständig aufgelegt sind, noch zu denen, die die Aufgelegtheit anderer beständig anzuregen wissen. Aber er besaß jene angeborene Grazie des polnischen Bewillkommnens, die den, der Besuche empfängt, nicht allein den Gesetzen und Pflichten der Gastfreundschaft unterwirft, sondern ihn auch nötigt, allen Rücksichten auf die eigene Person zu entsagen, um sich den Wünschen und Neigungen seiner Gäste anzupassen.

Man kam gern zu ihm, weil man sich bei ihm überaus wohl und behaglich fühlte. Man fühlte sich aber so wohl, weil er seine Gäste gleichsam zu Herren seines Hauses machte, sich selbst und alles, was er besaß, zu ihren Diensten stellte. Er tat dies mit jener rückhaltlosen Freigebigkeit, die selbst der einfache Bauer slawischer Rasse nicht verleugnet, wenn er, eifriger noch als der Araber unter seinem Zelt, Gäste in seiner Hütte bewirtet und das, was seinem Empfang an Glanz abgeht, durch einen Sinnspruch ersetzt, den auch der Reiche nach dem üppigsten Gastmahl nicht zu wiederholen versäumt: «Czym bohat, tym rad!» Vier Worte, deren Sinn dahin lautet: «Mein ganzer bescheidener Besitz gehört Euch!» Dieser Spruch wird mit der eigenen nationalen Anmut und Würde von jedem Hausherrn, der die umständlichen aber romantischen Gewohnheiten der alten polnischen Sitten beibehält, zu seinen Gästen gesprochen.

Kennt man die gastfreundlichen Gebräuche seines Vaterlandes, so gibt man sich besser von alledem Rechenschaft, was unseren Zusammenkünften bei Chopin die Ungezwungenheit und reizvolle Belebtheit gab, die keinen faden oder bitteren Nachgeschmack hinterläßt und keine Reaktion über Laune hervorruft. Während er sich scheinbar um niemanden kümmerte, gelang es ihm, jeden auf ihm angenehmste Weise zu beschäftigen und ihm einen Beweis seiner Höflichkeit und Dienstfertigkeit zu geben.

Es galt eine fast misanthropische Abneigung zu überwinden, bevor man Chopin dahin vermochte, sein Haus und sein Klavier wenigstens seinen näheren Freunden zu öffnen, die ihn dringend darum angingen. Mehr als einer der Beteiligten erinnert sich ohne Zweifel noch der ersten, trotz seines Sträubens bei ihm improvisierten Abendgesellschaft, als er noch in der Chaussée-d'Antin wohnte. Sein Zimmer, darin man ihn plötzlich überfiel, war nur von einigen Kerzen erleuchtet, die an einem Pleyelschen Flügel brannten, welche Instrumente er wegen ihres silbernen, ein wenig verschleierten Klanges und leichten Anschlags besonders liebte. Ihm entlockte er Töne, die einer jener Harmonikas anzugehören schienen, welche die alten Meister durch Vermählung von Kristall und Wasser so sinnreich konstruierten und deren poetisches Monopol das romantische Deutschland bewahrt.

Die dunkel gelassenen Ecken schienen den Raum bis ins Grenzenlose auszudehnen; es war, als ob er in der Finsternis zerflösse. Im Halbdunkel sah man ein mit weißlicher Hülle bekleidetes Möbel unbestimmter Form sich aufrichten wie ein Geist, der herbeigekommen, um den Tönen, die ihn riefen, zu lauschen. Das um den Flügel konzentrierte Licht fiel auf das Parkett. Gleich einer sich ergießenden Welle glitt es darüber hin und vereinigte sich dem unruhigen Leuchten des Kaminfeuers, das zuweilen in rotgelben Flammen aufflackerte und sich zur Gestalt neugieriger Gnomen zu verdichten schien, die die Laute ihrer Sprache herbeilockten. Ein einziges Porträt, das eines Pianisten, eines ihm sympathischen und ihn bewundernden Freundes, der diesmal gegenwärtig war, nur schien eingeladen, der beständige Zuhörer der auf- und abflutenden Töne zu sein, die singend und träumend, seufzend und grollend auf den Tasten des Instrumentes erstarben, neben dem es seinen Platz hatte. Durch ein geistreiches Spiel des Zufalls strahlte der Spiegel, um es vor unseren Augen zu verdoppeln, nur das schöne Oval und die blonden Seidenlocken der Gräfin d'Agoult wieder, die so viele Maler kopierten und die auch der Kupferstich für die Verehrer ihrer eleganten Feder vervielfältigte.

In dem Lichtkreise rings um den Flügel unterschied man mehrere Köpfe von außergewöhnlicher Bedeutung. Heinrich Heine, der trübsinnigste der Humoristen, lauschte mit dem Anteil eines Landsmannes Chopins Erzählungen über das geheimnisvolle Land, in dem auch seine ätherische Phantasie gern verweilte und dessen liebliche Gefilde sie durchstreift hatte. Chopin und er verstanden sich schon mit halb ausgesprochenen Worten und Tönen. Der Musiker beantwortete in seiner Sprache die leise gestellten Fragen des Dichters nach den unbekannten Regionen, von denen er Kunde begehrte; nach der «lächelnden Nymphe» Loreley, von der er hören wollte, ob sie «noch immer ihr grünliches Haar so reizvoll kokett mit dem Silberschleier umhülle»? Vertraut mit dem Geplauder und der galanten Chronik jenes Reichs, verlangte er zu wissen, «ob der Meergott mit langem weißen Bart die widerspenstige Najade noch immer mit seiner lächerlichen Liebe verfolge»?

Bekannt mit all' der feenhaften Herrlichkeit, die man «da unten» schaut, fragte er, «ob die Rosen dort noch immer in so stolzem Feuer erglühten, ob die Bäume im Mondenschein noch immer so harmonisch rauschten»?

Chopin antwortete. Nachdem sie sich lange und vertraulich von den Reizen dieses luftigen Reichs unterhalten, versanken sie in trübes Schweigen, vom Heimweh übermannt, das Heine heimsuchte, als er sich mit dem holländischen Kapitän des Geisterschiffes verglich, das mit seiner Mannschaft ewig umhertreiben muß auf den kalten Wogen. «Vergebens nach den Gewürzen, den Tulpen, Hyazinthen, Meerschaumpfeifen und chinesischen Porzellantassen sich sehnend, ruft er aus: ‹Amsterdam, Amsterdam! Wann sehen wir dich wieder?› während der Sturm im Takelwerk heult und ihn bald dahin, bald dorthin wirft über dem wässerigen Höllenschlund.» – «Ich begreife», fügt Heine hinzu, «die Verzweiflung, mit der der unglückliche Kapitän eines Tages in die Worte ausbrach: ‹O, sollte ich je nach Amsterdam zurückkehren, so will ich lieber ein Prellstein an einer seiner Straßenecken werden, als diese Straßen jemals wieder verlassen!›»

An jenem Abend, von dem wir sprechen, saß an Heines Seite Giacomo Meyerbeer, für den alle Ausdrücke der Bewunderung längst erschöpft sind. Er, der Urheber harmonischer Zyklopenbauten, konnte stundenlang mit Wohlgefallen dem leichten Spiel der Arabesken folgen, die Chopins Gedanken wie mit einer durchsichtigen Blonde umhüllten.

Eugène Delacroix, der Rubens der damaligen romantischen Schule, stand verwundert und in sich gekehrt vor den Erscheinungen, welche die Luft ringsum erfüllten und deren leise Berührung man zu spüren vermeinte. Fragte er sich, welche Palette, welche Pinsel und Leinwand er wählen müsse, um ihnen das Leben seiner Kunst zu leihen? Ob er dazu wohl einer von Arachne gewebten Leinwand, eines aus den Augenwimpern einer Fee gefertigten Pinsels, einer mit dem Farbenduft des Regenbogens bedeckten Palette bedürfe? Lächelte er über sich selbst bei solchen Gedanken, oder gefiel es ihm, sich ganz dem Eindruck, der sie hervorrief, hinzugeben, da auch er, gleich andern großen Talenten, sich gerade durch die mit ihm kontrastierenden Erscheinungen angezogen fühlte?

Mit aufgestütztem Arm in einen Sessel zurückgelehnt, sah man Frau George Sand, in regster Aufmerksamkeit gefesselt. Auf alles, was sie hörte, verbreitete sich der Widerschein ihres feurigen Genius, dem die nur wenigen Auserwählten verliehene Fähigkeit gegeben war, in allen Gestaltungen der Kunst und Natur das Schöne herauszuerkennen.

War dies vielleicht jenes Hellsehen, dessen höhere Kräfte alle Nationen in inspirierten Frauen erkannten? Jener Zauberblick des geistigen Auges, vor dem alle Schalen und Hüllen der Kontur herabfallen, um die darin inkarnierte Seele des Dichters, das Ideal, das der Künstler in Tönen oder Farben, in Marmor oder Stein, in Liedern oder Dramen heraufbeschwor, in seiner innersten Wesenheit zur Anschauung zu bringen?

Wenn aber unter den Menschen, die diese Gruppen bildeten, von denen jeder einzelne die Aufmerksamkeit vieler auf sich zog und in seinem Gewissen den Sporn großer Verantwortlichkeit trug, einer ist, der diese Ausstrahlungen vereinter Geister vor Vergessenheit bewahrte, der, alles Unreine aus seinem Gedächtnis verbannend, der Kunst nur das unberührte Erbteil seiner heiligsten Empfindungen hinterließ, so erkennen wir in ihm einen jener Auserwählten, deren Existenz die Volkspoesie durch den Glauben an «gute Geister» bestätigt. Wird, wenn sie solchen den Menschen zugetanen Wesen eine höhere Natur als den gewöhnlichen zuschreibt, dies nicht durch einen Ausspruch des großen italienischen Dichters Manzoni bekräftigt, der in dem Genius einen «stärker ausgeprägten Stempel der Göttlichkeit» erblickt? Beugen wir uns denn vor allen, die mit dem mystischen Siegel gezeichnet sind; aber bringen wir vornehmlich denen unsere Liebe und Verehrung dar, die wie Chopin ihre Überlegenheit nur dazu anwandten, den schönsten Empfindungen Leben und Ausdruck zu verleihen!

EIN «FURCHTBARER ANPRALL»

Das zehn Jahre währende Liebesverhältnis zwischen Franz Liszt und der Gräfin Marie d'Agoult (1805–76) gehört zu den spektakulärsten Affären des 19. Jahrhunderts. In ihren Memoiren erweist sie sich als emanzipierte Frau, die Mann und Kinder verläßt, nachdem sie erkannt hat, daß ihr unausweichliches Schicksal «Franz Liszt» heißt.

Er kam auf meine Einladung nach Croissy. Meine Kinder waren bei mir, als man ihn in den Salon führte. Er hatte sie noch nie vorher gesehen, da er in Paris ja nur abends kam, wenn sie schon schliefen. Was ging plötzlich in seinem Gesicht vor? Was für ein Gedanke durchbohrte ihn wie ein Pfeil? Ich weiß es nicht. Aber sein schönes Antlitz verkrampfte sich. Wir verharrten einen Augenblick, ohne sprechen zu können. Franz war auf der Schwelle stehengeblieben. Zitternd und schweigend tat ich einige Schritte nach ihm hin. In einer und derselben Erleuchtung des Gewissens fühlten wir uns sichtlich schuldig. Denn wir wagten uns nichts mehr zu sagen. Von diesem Tage ab veränderten sich meine Beziehungen zu Franz. Ich sah ihn nur noch ab und zu, und selten allein. Und ich wußte manchmal nicht mehr, ob ich ein Zusammensein mehr wünschte oder mehr fürchtete, so sehr beunruhigte es mich.

In unseren Gesprächen, die immer kürzer und immer öfter unterbrochen wurden, waren wir plötzlich nicht ganz wir selbst. Blieb auch der Ernst unserer Unterhaltung derselbe, so war der Ton doch ein anderer. Franz brachte phantastische Laune hinein, ich Befangenheit und Verlegenheit. Bald herrschte langes Schweigen zwischen uns, bald plauderte Franz mit fieberhafter Lebhaftigkeit. Er heuchelte Fröhlichkeit, aber es war eine spöttelnde Fröhlichkeit, die schmerzte. Er war so voller Enthusiasmus, so beredt gewesen, wenn es das Schöne und Gute gegolten. Er hatte so ehrgeizig nach Veredelung seines der hohen Kunst geweihten Lebens gestrebt, und er war so religiös in allen seinen Gedanken gewesen. Und nun sprach er von dem allen nur noch mit Ironie. Er brüstete sich mit seiner Ungläubigkeit. Seine Achtung und seine Verachtung, seine Bewunderung und seine Sympathie waren absichtlich mit vollkommener Gleichgültigkeit durchsetzt.

Er pries die Binsenwahrheit und das leichte Leben. Er gefiel sich in der Verteidigung des Sittenlosen. Plötzlich, ohne jeden Anlaß redete er in einer Weise, die in seinem Munde unerhört war. Er rühmte mein «schönes Leben». Er beglückwünschte mich zu meiner Stellung in der Welt. Er bewunderte mein «königliches Haus», die Üppigkeit und die Erlesenheit meiner Umgebung. War das Ernst oder Spott? In seiner unbewegten Miene, in seiner traurigen Stimme las ich keine Deutung.

Seltsam, Franzens Talent schien mir ebenso verändert wie sein Geist. Wenn er auf dem Flügel improvisierte, war es nicht, um ihm süße, himmelöffnende Harmonien zu entlocken. Er ließ unter seinen ehernen Händen scharfe, unharmonische Töne erzittern. Er machte mir keine Vorwürfe, und doch schien ihm meine Gegenwart weder Friede noch Freude zu bringen. Es war, als nähre er irgendeinen geheimen Groll gegen mich. Einmal überraschte ich sogar einen fahlen Blick des Hasses... Was bedeutete das? Ich wagte nicht zu fragen. Wenn unsere Blicke sich trafen, glaubte ich in seinen Augen eine plötzliche Rührung zu lesen. Aber sobald er mich bewegt sah, erschien auf seiner Lippe wieder die ironische Falte. Die Trockenheit seiner Stimme, wenn ich versuchte, den freundschaftlichen Ton unserer früheren Gespräche wieder anzuschlagen, machte mich unsicher. Unruhig und auf mich allein gestellt, verlor ich mich in Vermutungen, und Angst erfüllte mich.

Eines Tages entfuhr mir unter dem Hieb eines scharfen, schmerzenden Wortes eine Klage. Meine lang verhaltenen Tränen flossen reichlich. Franz betrachtete mich erschüttert. Schweigend kämpfte er mit sich selber und schien von widerstrebenden Gefühlen bewegt. Seine Lippen zitterten. Plötzlich fiel er mir zu Füßen und beschwor mich in Lauten, die ich heute noch höre, und mit tiefem, schmerzlichem Blick, ihm zu verzeihen. Diese Verzeihung wurde unter dem heißen Druck unserer Hände zu einem Ausbruch unserer Liebe, zu einem Geständnis und zu einem gegenseitigen Schwur, uns zu lieben, uns ausschließlich zu lieben, grenzenlos, ohne Ende, auf Erden und in alle Ewigkeit!

In den Stunden, Tagen, Wochen und Monaten, die nun folgten, ohne irgend etwas im voraus zu überlegen, ergab sich alles immer von selbst. Wir fanden uns stets. Wir waren gleich zärtlich, aber Franz brachte eine bezaubernde Innigkeit in seine Liebkosung. Wir sprachen jetzt viel von uns. Er erzählte mir von seiner freudlosen Jugend, seiner Jünglingszeit, in der er keinen Berater, keinen Halt gehabt hatte. Er gestand mir seine Versuchungen, seine Gewissensbisse und seinen Wunsch, vor ihnen ins Kloster zu entfliehen. Er beschrieb mir in Feuerfarben seine widerstreitenden Leidenschaften, die schon sehr früh in seiner Brust gerungen hatten, seinen weltlichen Ehrgeiz und seine enthaltsame Inbrunst, seine schrankenlose Gier und herbe Neugier nach verbotenen Dingen. Er wies mir alle Stacheln in seinem Fleisch und alle Stacheln, die eitler Tagesruhm in seinem Geiste hinterlassen, und die er doch selber tief verachtete.

Franz deutete mir mit äußerster Zartheit die aufwühlende, leidenschaftliche Erregung an, die ich ihm eingeflößt; seine blinden, schuldigen, unsinnigen Hoffnungen und die Versuchung zum Selbstmord, die ihn in klaren Augenblicken befiel. Aber wie fern sei nun das alles! Sein Inneres sei vollkommen durch mich verwandelt. Nichts sei mehr in ihm, das nicht mit der Zeit meiner würdig werden könne. Wenn ich mich nur herabließe, es zu wollen...

Meine Seele ward allmählich durchdrungen von seiner betörenden Überredungskunst. In dem Maße, wie er mir seine Seele öffnete, entdeckten wir tausend geheime Ähnlichkeiten, die wir noch nicht bemerkt hatten, und die uns zeigten, daß wir füreinander bestimmt waren. Wir kamen auch sehr oft und mit äußerstem Entzücken auf die jüngste, jetzt so fernliegende Vergangenheit zurück, in der wir uns zuerst gesehen und gefallen hatten... Wir wollten uns der kleinsten Einzelheiten erinnern. Mit unermüdlicher Neugier befragten wir uns über jeden Eindruck, den wir vom anderen empfangen und kamen immer wieder zu dem Schluß, daß wir gar nicht anders konnten, als uns lieben, und daß das Ende unserer Liebe den Tod bedeuten müsse.

Auf unseren Wanderungen in Croissy über die Felder und Wiesen atmete Franz mit Wonne den ländlichen Frieden ein, den seine Kindheit im Lärm der Großstadt nicht gekannt. Sein Künstlerohr lauschte auf den langsamen Tonfall allen ländlichen Lebens. Er unterschied in Halm und Gras die flüchtigsten Geräusche. Er hörte in der Luft das zarteste Summen. Während er jeden Hauch und alles äußere Leben in sich aufnahm, folgte seine Seele dem Rhythmus seiner Gedanken, und ich, auf seinen Arm gestützt, neigte mich zu ihm und lauschte den undeutlichen, unbestimmbaren und klangvollen Tönen, die mir auf seinen bewegten Lippen das Vorspiel himmlischer Chöre schienen.

Man wird staunen, und ich staune selber über die plötzliche Stille jugendlicher Sturmgewalt, über diesen Frieden der Seele und der Sinne, der sich so bald auf zwei leidenschaftliche Menschen senkte, am andern Tag schon, da sie sich das Geheimnis ihrer Liebe preisgegeben hatten. Man fragt sich, wie es kommt, daß alles, was sich anzieht und abstößt, zurückhält und fortreißt, nicht in einem furchtbaren Anprall aufeinandertrifft ...

DER PUNISCHE PIANOKRIEG

Der illegitime Fürstensohn Sigismund Thalberg (1812–71) war nicht nur gleichaltrig mit Franz Liszt und wie dieser dem großen Lehrer Johann Nepomuk Hummel verpflichtet, er galt in der Musikwelt auch als der einzige Klaviervirtuose, der es mit Liszt aufnehmen konnte. Wer von beiden der größere Meister auf dem Piano war, sollte 1837 entschieden werden. Dieter Hildebrandt beschreibt das dramatische Duell in seinem amüsanten Buch «Pianoforte oder Der Krieg im Saal» (1985).

Am 26. März 1837 kündigt die Pariser Musikzeitschrift *Gazette musicale* ein Konzert mit folgenden Worten an: «Von größtem Interesse ... wird zweifellos das gemeinsame Auftreten zweier Künstler sein, deren Rivalität die musikalische Welt in Atem hält und an das unentschiedene Kräfteverhältnis zwischen Rom und Karthago gemahnt. Die Herren Liszt und Thalberg werden abwechselnd Klavier spielen.» Der Krieg im Saal ist quasi zu einem punischen geworden, und die Konzertbesucher erwarten den Auftritt der Virtuosen, als stünde niemand denn Hannibal ante portas.

Wenn, wie schon vorgeführt, Wettspiele zur Tradition des Instruments gehören, so ist der

Abend des 31. März 1837 so etwas wie die Sternstunde des Tastenturniers, das Nonplusultra eines musikalischen Rituals und einer der gesellschaftlichen Höhepunkte im Pariser Leben des 19. Jahrhunderts. Auf einer Soiree in den Salons der Fürstin Belgiojoso, einer Veranstaltung zugunsten italienischer Flüchtlinge, sollte ein jahrelanger Verehrerstreit entschieden werden: Wer denn der größere Pianist sei, Sigismund Thalberg oder Franz Liszt. War Liszt zu jener Zeit der Ekstatiker am Klavier, so beeindruckte Thalberg durch grandiose Ruhe und noble Haltung. Sein erloschener Ruhm sei zunächst mit einer Schilderung Heinrich Heines wieder entfacht, die zugleich eine indirekte Kritik an Gebaren und Gebärden Liszts ist:

«Thalberg», schreibt Heine, «bezaubert mich, ich möchte fast sagen durch sein musikalisches Betragen: Sein Spiel ist ganz getaucht in Harmonie ... sein Vortrag ist so gentlemanlike, so wohlhaben, so anständig, so ganz ohne Grimasse, so ganz ohne forciertes Genialtun, so ganz ohne jene renommierende Bengelei, welche die innere Verzagnis schlecht verhehlt, wie wir dergleichen bei unseren musikalischen Glückspilzen so oft bemerkten. Die Weiber lieben ihn ganz besonders, obgleich er nicht durch epileptische Anfälle auf dem Klavier ihr Mitleid in Anspruch nimmt, obgleich er nicht auf ihre überreizt kranken Nerven spekuliert, obgleich er sie weder elektrisiert noch galvanisiert: er entzückt nur durch balsamischen Wohllaut, durch Maß und Milde.»

Heines Beobachtung entspricht genau dem von Thalberg selbst angestrebten Ideal: «In breiten, edlen dramatischen Gesängen muß dem Instrument viel zugemutet und so viel Ton als möglich aus ihm gesogen werden, dies jedoch nie durch hartes Aufschlagen auf die Tasten, sondern dadurch, daß man sie kurz anfaßt und tief, mit Kraft, Entschiedenheit und Wärme, niederdrückt. In einfachen, sanften Gesängen muß man die Tastatur gewissermaßen kneten, sie auswirken wie mit einer Hand aus bloßem Fleisch und Fingern von Samt; die Tasten müssen in diesem Fall mehr gefühlt als angeschlagen werden.»

Und Thalberg praktizierte eine besondere Attraktion: Er war der Mann mit den drei Händen. Er war keine Mißgeburt, er war ein Klavierspieler besonderer Art. Wenn er spielte, jagte die rechte Hand, wie es sich für den brillanten Virtuosen immer noch gehörte, in perlenden Läufen, in aufbegehrenden Skalen, in rauschenden Arpeggien hin und her, und die Linke stand ihr nicht nach, donnerte Begleitoktaven, schüttelte Tremolos wahrhaft aus dem Ärmel, ließ sich in rauschende Tiefen fallen. Das Raffinement seiner eigenen Kompositionen war darauf berechnet, beiden Händen Spielraum zuzuweisen, man sollte sehen, daß sie kräftig unterwegs waren auf der Tastatur.

Denn nun gab es, inmitten des Auf- und Abgerases, das Thalberg-Wunder: Man hörte, während beide Hände mit Virtuosität beschäftigt waren, in der Mittellage eine zarte, singende, ausdrucksvolle Melodie, die nach Thalbergs Rezept in die Tasten förmlich hineinmassiert wurde. Und diese Stimme wurde von Thalbergs dritter Hand gespielt, die er aber doch sichtlich nicht hatte. Vielleicht war Virtuosität nie näher am Bluff eines Zauberkunststücks: Das Passagenwerk war nicht nur Girlande, es war zugleich Ablenkungsmanöver, Tarnnetz für das musikalisch-klavieristische Geheimnis: Thalbergs dritte Hand bestand aus seinen beiden Daumen, denen über weite Strecken die Hauptlast der Melodie zugewiesen war...

Der Zweikampf Liszt-Thalberg beschränkte sich keineswegs auf das Vis-à-Vis in den Salons; diese Begegnung war nicht zuletzt deshalb so spannend, weil sie von ebenso langer wie heftiger Hand vorbereitet worden war; das Rencontre am 31. März war nur die letzte Pointe eines Duells, das eher ein publizistisches als ein pianistisches genannt werden muß.

Liszt hatte nämlich zu Beginn des Jahres 1837 in der *Gazette musicale* einen Aufsatz veröffentlicht, den die Zeitschrift nur mit deutlicher Reserve (die sich in einer redaktionellen Vornotiz aussprach) abdruckte: Darin hatte Liszt spöttisch geschrieben, er habe sich nun doch einmal die Mühe gemacht und Thalbergs Kompositionen – einen halben Tag lang! – einer gründlichen Durchsicht unterzogen. Von einem der Stücke schreibt er dann: «Im Ernste gesprochen: Es erscheint uns unmöglich, selbst mit dem besten Willen auf den einundzwanzig Seiten dieser Fantasie nur annähernd etwas zu finden, das wir als höheren Kunstsinn gepaart mit Erfindung, Farbe, Charakter, Nerv oder Begeisterung bezeichnen könnten. Nirgends ist Lebendigkeit, nirgends Spannkraft. Ohnmacht und Monotonie – das ist es, was wir in letzter Instanz in den Werken Thalbergs finden.»

Da nicht einmal der leidenschaftlichste Liszt-Verehrer sagen könnte, daß er sich um diese Zeit schon selbst als großer Komponist hervorgetan hätte (die h-Moll-Sonate wird noch anderthalb Jahrzehnte auf sich warten lassen), so las sich die Attacke doch nur als hämischer Ausfall gegen einen Klavierkonkurrenten, als Ausbruch von Mißgunst. Der Aufsatz war wider allen Comment, und daß er über Thalberg die reine Wahrheit enthielt, ist vielleicht nicht einmal Liszt ganz gegenwärtig gewesen. Was er damit erreichte, war aber dies: Die Sympathien des musikalisch interessierten, des noblen, des adligen Paris lagen nun fast ganz auf seiten Sigismund Thalbergs...

Wie ein langsam aufkommender Sturm bereitet sich in Paris das Zusammentreffen Liszts mit Thalberg vor: Zunächst gibt Thalberg eine Matinee im Saal des Konservatoriums, wo er seine Moses-Fantasie und eine Paraphrase über *God Save the King* spielte; vor einem nicht allzu großen und meist musikverständigen Publikum, das außer sich ist vor Begeisterung. Liszt revanchiert sich gewissermaßen architektonisch: Er lädt in die Pariser Oper ein, er riskiert einen Riesensaal und ein Auditorium, das dort gewaltige Musikspektakel zu hören gewohnt ist; so wild er auch die Tasten traktieren mochte, so hatten doch die Flügel jener Jahre immer noch einen eher schmächtigen Ton.

Aber die Strategie Liszts, das Unmögliche zu wagen, funktionierte; ein Kritiker schrieb: «Als der Vorhang sich hob und wir diesen schlanken jungen Mann sahen..., kam eine Art Furcht über uns. Unsere ganze Sympathie war mit dieser Torheit; – – denn nur Toren vollbringen große Dinge. – Das ganze Auditorium teilte diese dramatische Unruhe und jeder lauschte bangen Ohres des ersten Tones. Nach dem fünften Takt war die Schlacht zur Hälfte gewonnen, unter Liszts Fingern vibrierte das Klavier...»

Wie um mit spitzen Fingern Thalberg und seinesgleichen von sich wegzudrängen, schreibt Liszt in jenen Tagen an George Sand: «Die soziale Kunst ist nicht mehr und ist noch nicht. Wem begegnen wir auch meistens in unseren Tagen? Bildhauern? Nein, Fabrikanten von Statuen. Malern? Nein, Fabrikanten von Bildern. Musikern?

Nein, Fabrikanten von Musik. Überall Handwerker und nirgends Künstler. Und hieraus noch entstehen Qualen für den, der mit dem Stolze und der wilden Unabhängigkeit eines echten Kindes der Kunst geboren ist. Er sieht sich umgeben von diesem Fabrikantenschwarm, welcher aufmerksam den Launen des großen Haufens und der Phantasie ungebildeter Reicher seine Dienste widmet, vor jedem Winke sich beugt, beugt bis zur Erde, als könnte er ihr nicht nahe genug kommen.» Es klingt fast so, als habe nicht Liszt, sondern Thalberg sich den großen Opernsaal gemietet, und als habe nicht Thalberg, sondern Liszt im exklusiven Konservatoriumssaal gespielt.

Nach der langen Vorauskampagne, nach dem monatelangen Gesellschaftsgeraune wird das Zusammentreffen beider bei der Prinzessin Belgiojoso dann jedoch eher zur Anti-Climax. Der erlauchte Rahmen, das ausgewählte Nobelpublikum, der wohltätige Zweck, dazu die immensen Eintrittspreise von 40 Francs und eine längere Konzertfolge mit anderen Künstlern vorweg dämpfen den Duellcharakter. Liszt tritt zuerst auf und spielt seine *Niobe-Fantasie*, dann folgt Thalberg mit seiner *Fantasie über «Moses in Ägypten»*. Beide Künstler hüten sich vor beleidigenden Gesten oder gar Worten; sie begegnen einander mit formvollendeter Höflichkeit, ja scheinbar so freundlich, daß Liszt sich hinterher bemüßigt fühlt, die Sache zu erklären: «Aber: Sind sie denn Feinde, wenn ein Künstler dem andern einen Wert, den die Menge ihm übertrieben zuerkennt, abspricht? Sind sie denn versöhnt, wenn sie sich außerhalb der Kunstfragen schätzen und achten?»

Wer aber siegte? Seit jenem Abend ist das Bonmot überliefert, das Liszt selbst seiner Geliebten, der Gräfin d'Agoult, in den Mund legt, das die Legende aber der Gastgeberin, der Prinzessin Belgiojoso zuschreibt:

«Thalberg ist der erste Pianist der Welt.»
Und Liszt?
«Liszt – das ist der einzige.»

«DAS ORCHESTER BIN ICH!»

Hector Berlioz (1803–69) verehrte Franz Liszt, als wäre der jüngere sein Lehrer. Über seine Nöte als Gastdirigent auf einer Tournee durch Deutschland schreibt der große französische Musiker dem Freund im Winter 1841/42 aus Mannheim und Weimar:

Du kennst diese Unruhe nicht, mein lieber Liszt; es liegt dir wenig daran, zu wissen, ob in der Stadt, die du besuchen willst, das Orchester gut zusammengesetzt ist, ob das Theater geöffnet ist, ob der Intendant es dir zur Verfügung stellt usw. In der Tat, was sollten dir alle diese Erkundigungen nützen? Du kannst den Ausspruch Ludwigs XIV. modifizieren und mit Zuversicht sagen: «Das Orchester bin ich! Der Chor bin ich! Der Dirigent bin ich auch. Mein Klavier singt, träumt, wettert, dröhnt; es wetteifert mit dem Fluge der behendesten Violinbögen; es hat, gleich dem Orchester, seine Blechinstrumente; es kann wie dieses, und ohne jeglichen Apparat, feenhafte Akkorde, unbestimmte Melodien hervorbringen, die der Abendwind gleich einem Wölkchen entführt; ich brauche kein Theater, keine Dekoration, kein großes Podium; ich brauche mich nicht durch langwierige Proben zu ermüden; ich verlange keine hundert, keine fünfzig, keine zwanzig Musiker; ja, ich verlange gar keine, ich brauche nicht einmal Noten. Gebt mir einen großen Saal, einen Flügel, und ich bin Herrscher über eine große Zuhörerschaft. Ich erscheine, man klatscht Beifall; mein Gedächtnis erwacht, blendende Phantasien entstehen unter meinen Fingern und werden mit begeisterten Zurufen aufgenommen; ich singe Schuberts *Ave Maria*, Beethovens *Adelaide*, und die Herzen werden weich ... Dann kommen die Raketen, die Glanzpunkte des virtuosen Feuerwerks, das Jubeln des Publikums; Blumen und Kränze fallen in dichter Fülle dem auf seinem Dreifuß schaudernden Priester der Muse zu; die jungen Schönen küssen unter Tränen den Saum seines Mantels; er gewinnt sich die aufrichtige Verehrung ernster Geister; er entreißt dem Neid fieberhaften Beifall, die engen Herzen, überrascht, öffnen sich...»

Am nächsten Tag reist das junge Genie ab, verschwindet wie ein Komet und hinterläßt einen blendenden Glanz von Ruhm und Begeisterung... Das ist ein Traum, einer jener goldnen Träume, die man hat, wenn man Liszt oder Paganini heißt. Auf welche Mühseligkeiten dagegen, auf welche undankbare und immer neu erwachsende Arbeit muß sich ein Komponist gefaßt machen, der es, gleich mir, unternehmen wollte, zu reisen, um seine Werke zu Gehör zu bringen!... Weiß man, welche Tortur für ihn die Proben sein können?... Zunächst muß er den kalten Blick all dieser Musiker ertragen, die wenig darüber entzückt sind, seinetwegen eine unerwartete Störung zu erleben und sich ungewohnten Studien zu unterwerfen.

«Was will dieser Franzose? Warum bleibt er nicht zu Hause?» Doch nimmt jeder an seinem Pulte Platz; aber beim ersten Blick auf das versammelte Orchester entdeckt der Komponist bedenkliche Lücken. Er fragt den Kapellmeister nach dem Grund. «Der erste Klarinettist ist krank; die Frau des Oboisten liegt im Wochenbett, das Kind des ersten Geigers hat die Bräune, die Posaunen sind auf der Parade, sie haben vergessen, sich für diesen Tag vom Militärdienst dispensieren zu lassen; der Paukenschläger hat sich das Handgelenk verrenkt, der Harfenspieler kann zur Probe nicht erscheinen, weil er seinen Part noch üben muß...»

Man beginnt indessen; man spielt, so gut und so schlecht es gehen will, vom Blatt und nimmt dabei die Tempi doppelt so langsam, wie sie sein sollten; nichts ist für den Komponisten schrecklicher. Nach und nach gewinnt sein musikalisches Gefühl die Oberhand, sein erhitztes Blut reißt ihn mit, er beschleunigt das Tempo und gerät wider Willen in das natürliche Zeitmaß; dann geht das Durcheinander los, entsetzliche Mißtöne zerreißen ihm Ohren und Herz; er muß anhalten und die langsame Bewegung wieder aufnehmen und Stück für Stück diese langen Perioden üben, deren freien, ungebremsten Lauf er so oft mit anderen Orchestern erlebt hat. Damit noch nicht genug; trotz des langsamen Tempos lassen sich sonderbare Mißtöne an gewissen Stellen der Blasinstrumente hören; er will ihre Ursache entdecken: «Hören wir einmal die Trompeten allein!... Was machen Sie denn da? Ich will eine Terz hören, und Sie bringen eine Sekunde. Die zweite Trompete hat ein D, geben sie das D an!... Sehr gut!... Die erste, in F, hat ein C, das also F ergibt. Bitte, Ihr C... Pfui, das ist ja Es...» – «Ich spiele, was geschrieben steht.» – «Hören Sie denn nicht? Sie sind einen Ganzton zu tief!» – «Ich bin aber sicher, daß ich C spiele.» – «Aha. In welcher Tonart ist denn Ihre Trompete?» – «In Es.» – «Und steht da nicht: Trompete in F?» – «Entschuldigen Sie, ich habe mich verlesen.» – Nach einer Weile: «Herr Paukenschläger, was machen Sie denn hier für ein Höllenspektakel?» – «Bei mir steht ein Fortissimo-Zeichen.» – «Sie irren sich, es heißt mezzoforte. Außerdem benutzen Sie Holzschlägel; ich habe aber Schlägel mit Schwammköpfen vorgeschrieben, das macht einen Unterschied wie Tag und Nacht.» – «Was nennen Sie Schlägel mit Schwammköpfen? Wir kennen nur eine Sorte Schlägel.» – «Das habe ich mir gedacht und deshalb welche aus Paris mitgebracht. Nehmen Sie das Paar, das ich dort auf den Tisch gelegt habe. So, jetzt weiter... Mein Gott, die Streicher sind viel zu laut! Sie haben ja keine Dämpfer aufgesetzt...» – «Der Orchesterdiener hat vergessen, sie auf die Pulte zu legen. Morgen werden welche da sein...» Und so geht es fröhlich weiter. Nach drei oder vier Stunden solchen nicht gerade harmonischen Hin- und Herzerrens hat man noch keinen vernünftig gespielten Takt gehört.

Alles ist zerrissen, verstümmelt, falsch, nichtssagend, lärmend, unrein, abscheulich! Und unter diesem Eindruck muß man sechzig oder achtzig Musiker lassen, die ermüdet und unzufrieden fortgehen und überall erzählen, diese Musik sei eine

Hölle, ein Chaos, und nie in ihrem Leben hätten sie etwas Ähnliches ertragen müssen.

Am nächsten Tag ist der Fortschritt kaum merklich; erst bei der dritten Probe wird er wirklich erkennbar. Dann, und erst dann, atmet der arme Komponist wieder auf. Die Harmonien werden bei ruhiger Ausführung klar, die Rhythmen kommen heraus, die Melodien weinen und lachen; die Spieler, endlich koordiniert, drängen vorwärts; nach so vielem Hin- und Hertasten, so vielem Stammeln wächst das Orchester, es kommt in Fahrt, es spricht, es wird Mensch! Man hat begonnen, die Noten zu verstehen, und das gibt frischen Mut; der Komponist bittet um eine vierte Probe; die Spieler, im Grunde genommen großartige Leute, bewilligen sie ihm mit Freuden. Diesmal: fiat lux! «Achtung auf die Feinheiten... Ihr habt keine Angst mehr?» – «Nein! Geben Sie uns das endgültige Tempo, und los!» Und es wird Licht, die Kunst erscheint, der Gedanke erstrahlt, das Werk ist verstanden! Das Orchester erhebt sich, klatscht Beifall, der Kapellmeister kommt und gratuliert ihm; die Neugierigen, die sich in den dunklen Winkeln des Saales versteckt hielten, nähern sich, steigen auf das Podium, wechseln mit den Musikern Ausrufe des Vergnügens und der Überraschung und betrachten erstaunt diesen fremden Meister, den Sie zuerst für einen Wahnsinnigen oder einen Barbaren gehalten hatten.

Jetzt würde er der Ruhe bedürfen. Er hüte sich aber davor, der Unglückliche! Die Stunde ist für ihn gekommen, doppelt vorsichtig und aufmerksam zu sein. Er muß vor dem Konzert wiederkommen, um die Aufstellung der Pulte zu überwachen, die Orchesterstimmen zu kontrollieren und sich zu überzeugen, daß sie nicht verwechselt worden sind. Er muß kontrollieren, ob bei den Bläserstimmen die französischen Bezeichnungen überall durch deutsche ersetzt sind und nicht noch irgendwo «en mi bémol» steht statt «in Es». Da es im Orchester kein Englischhorn gibt und der Oboist Schwierigkeiten beim Transponieren hat, wird er das große Solo sicherheitshalber noch rasch für die Oboe umschreiben.

Doch schon kommt das Publikum, die Stunde hat geschlagen; müde, geistig und körperlich erschöpft, erscheint der Komponist am Dirigentenpult; kaum hält er sich aufrecht, er fühlt sich unsicher, kraftlos, angewidert, bis zu dem Augenblick, da die Beifallsrufe des Publikums, das Feuer der Mitwirkenden und die Liebe zu seinem Werk ihn in eine elektrische Maschine verwandeln, die unsichtbare und doch wirkliche, blitzartige Strahlen wirft. Und es beginnt die Entschädigung. Dann, ich gebe es zu, dann lebt der Komponist und Dirigent ein den Virtuosen unbekanntes Leben! Mit welcher rasenden Freude gibt er sich der Wonne hin, auf dem Orchester zu spielen! Er umfaßt das großartige Instrument, er drängt es vorwärts, er zieht alle Register. Er entfaltet wieder eine allseitige Aufmerksamkeit; er sieht überall hin; mit einem Blick gibt er den Sängern und Musikern ihre Einsätze an, oben, unten, links, rechts, mit einer Bewegung des rechten Armes wirft er Akkorde hin, die wie harmonische Geschosse in der Ferne zu platzen scheinen; dann läßt er in den Fermaten die ganze durch ihn entstandene Bewegung anhalten; er hält jeden Arm, jeden Atemzug in seinem Bann, er lauscht einen Augenblick der Stille und gibt den bezähmten Wirbelsturm zu noch tollerem Laufe wieder frei.

Und im großen Adagio! Wie ist er da glücklich, sich auf dem Meer seiner Harmonien sanft zu wiegen, den tausend verschlungenen Stimmen lauschend, die seine Liebeshymnen singen oder seine Klagen über die Gegenwart, seine Sehnsucht nach der Vergangenheit der Einsamkeit und der Nacht anzuvertrauen scheinen. Dann geschieht es oft, aber nur dann, daß der Komponist und Dirigent das Publikum ganz vergißt; er belauscht sich, und wenn er, mit den Künstlern, die ihn umgeben, ergriffen ist, legt er keinen Wert mehr darauf, welchen Eindruck das Publikum, das ihm nun zu sehr in die Ferne gerückt ist, empfangen hat. Und am Ende des Abends, wenn der große Erfolg errungen ist, freut er sich hundertfach, weil sein ganzes Heer in befriedigtem Selbstgefühl die Freude mit ihm teilt. So seid ihr, ihr großen Virtuosen, Fürsten und Könige von Gottes Gnaden; ihr seid auf den Stufen des Thrones geboren; die Komponisten dagegen müssen kämpfen, siegen und erobern, um zu herrschen; doch wird der Glanz, die Wonne ihres Sieges durch die Mühseligkeiten und Gefahren ihres Kampfes nur erhöht, und sie würden vielleicht noch glücklicher sein als ihr... wenn sie immer Soldaten hätten.

KÜNSTLER UND VIRTUOSEN

Entsprechend der maßlosen Liszt-Schwärmerei des 19. Jahrhunderts gibt es zahllose Anekdoten über den Meister, die ihm auch virtuose Schlagfertigkeit bescheinigen. Doch manchmal behielt er dennoch nicht das letzte Wort, wie einige der folgenden Beispiele zeigen.

Franz Liszt war einmal beim Großherzog von Weimar eingeladen. Sie kamen auch auf Musik zu sprechen.

Nun hatte der Großherzog kürzlich zum ersten Male den Violinvirtuosen Sarasate gehört und war von dessen künstlerischem Spiel entzückt. Liszt war entgegengesetzter Meinung. «Ich versichere

Ihnen, lieber Meister, Sarasate hat ganz wundervoll gespielt», meinte der Großherzog, «und so sehr ich Ihr musikalisches Urteil schätze, so kann es mich doch nicht in meiner Ansicht umstimmen.»

Da stand Liszt von seinem Platz auf und sagte: «Hoheit müssen schon verzeihen, daß ich in musikalischen Dingen mehr zu verstehen glaube. Hoheit sind ein guter Regent und ich ein guter Musiker. Wenn ich daher sage, der Sarasate ist kein Künstler, so hat's damit seine Richtigkeit!»

Der Großherzog lächelte nur und meinte: «Sie mögen vielleicht recht haben, lieber Meister, daß der Mann kein Künstler ist, aber ein Virtuose ist ja auch schon was!»

In Wien gab Liszt ein Konzert, bei dem Kaiser Franz Joseph mit dem gesamten Hof zugegen war. Plötzlich spielte der Virtuose den Rákoczimarsch, der damals in Österreich verpönt war und als umstürzlerisch galt. Der Kaiser aber überbrückte die entstehende peinliche Situation, indem er stark applaudierte und vernehmlich sagte: «Es war mir eine Freude, diesen gefährlichen Marsch wieder einmal so brav gespielt zu hören.»

Liszt spielte in einem Privatkonzert vor dem russischen Kaiser. Bei einer Pianostelle wandte sich dieser zu seinem Adjutanten und gab ihm laut einen Befehl. Liszt hörte zu spielen auf und ließ die Hände in den Schoß sinken. Als der Zar ihn unwillig nach dem Grund der Unterbrechung fragte, antwortete Liszt mit höflicher Verbeugung: «Wenn Fürsten sprechen, haben die Diener zu schweigen.»

Liszt befand sich 1842 auf einer Konzerttournee durch Europa und gastierte auch in Königsberg. Dort sollte er von der Philosophischen Fakultät zum Ehrendoktor der Albertus-Universität ernannt werden. Der Dekan der Fakultät war der Historiker August Drumann, von dem allgemein bekannt war, daß er die Musik für eine unwürdige Beschäftigung hielt. Man befürchtete daher, daß er die Einstimmigkeit des Fakultätsbeschlusses durch sein Veto verhindern würde. Doch zum Erstaunen aller stimmte er sofort mit den Worten zu: «Warum soll ein Musiker nicht Doktor werden, wo man jetzt sogar schon Viehdoktors promovieren läßt.»

Ludwig Kusche hat in seinem amüsanten Buch «Stimmt denn das auch? Musikeranekdoten unter die Lupe genommen» (1966) nachgewiesen, daß leidenschaftliche Anekdotensammler nicht davor zurückschrecken, auch anachronistischen Unsinn zu überliefern.

«In jungen Jahren wohnten Wagner, Liszt und Bülow in Leipzig zusammen und führten auch gemeinsame Kasse, der nur meistens der nötige Stoff fehlte; denn Wagner, der den Geldmangel nicht ertragen konnte, stellte immer zu hohe Anforderungen. Eines Tages wurde es im September plötzlich empfindlich kalt; Wagner wollte geheizt haben; Bülow, der Kassenwart, widersetzte sich. Nach heftigem Disput rief er Wagner zu, er wolle sich draußen warmlaufen, und empfahl sich mit Liszt zusammen. Wie erstaunt waren beide, als sie nach zwei Stunden zurückkamen und Wagner in einer überheizten Stube, vertieft in seine Arbeit, vorfanden. ‹Woher› ... begann Bülow, aber schon sah er auch, wie Wagner sich geholfen hatte; alle Stühle und Tische lagen mit abgeschlagenen Beinen als Krüppel am Boden. ‹Ich habe, was ich brauche›, erwiderte Wagner spöttisch dem vor Wut sprachlos dastehenden Freunde. ‹Brennholz wäre allerdings billiger gewesen!›»

Hier vereinen sich Unsinn, Unmöglichkeit und Böswilligkeit auf das Vortrefflichste. Wagner lebte nur bis zu seinem zwanzigsten Lebensjahr, also bis 1833, in seiner Geburtsstadt Leipzig, bevor er auf die ewige Wanderschaft ging. Zu dieser Zeit konnte er weder seinen späteren Freund und Schwiegervater Franz Liszt noch seinen späteren Wegbereiter und Apostel Hans von Bülow gesehen und kennengelernt haben. Die erste Begegnung zwischen Wagner und Liszt fand erst 1841 in Paris statt. Die erste Begegnung zwischen Wagner und Bülow 1850 in Zürich. Außerdem wäre Hans von Bülow, hätte er Wagner wirklich schon in seiner Leipziger Zeit kennengelernt, erst ein Kind von höchstens zwei bis drei Jahren gewesen. Abgesehen davon waren Liszt und Bülow zu keiner Zeit ihres Lebens arme Schlucker, denen es an Geld für Brennmaterial gebrach, um ein Zimmer zu heizen. Wie konnte es also zu solch einer hirnverbrannten Anekdote kommen? Es ist leicht zu beantworten. Wagners Mitwelt wollte laufend Unerquickliches und Abträgliches über Wagner erfahren. Und man gab es ihr in Form von Tatsachenberichten, für die Anekdoten nun leider einmal gehalten werden.

DAS ZAUBERWORT «TOUT»

Drei Jahre nach dem Zerwürfnis mit Marie d'Agoult lernt Franz Liszt auf einer Konzertreise durch Rußland die polnisch-russische Fürstin Carolyne von Sayn-Wittgenstein (1819–87) kennen. Auch sie verläßt seinetwegen ihre Familie. Paula Rehberg charakterisiert das Verhältnis der beiden in ihrer Liszt-Biographie (1961):

Im Gegensatz zu ihrer Mutter war die Fürstin Carolyne v. Sayn-Wittgenstein nicht schön, aber doch wohl interessant und in ihrer Art anziehend. Die ihr nachmals gut bekannte Weimarer Schriftstellerin Adelheid v. Schorn schildert sie in ihren unter dem Titel *Zwei Menschenalter* herausgekommenen Erinnerungen als «ziemlich schlank und sehr beweglich, klein und von sprudelnder Lebendigkeit. Dunkle Haare und Augen sowie ein gelblicher Teint gaben ihr etwas Ausländisches. Eine ziemlich große Nase verlieh dem Gesicht eine eigenartige Bedeutendheit; um den Mund lag ein unbeschreiblich freundlicher Zug.» – Malvida v. Meysenbug, die in späteren Jahren in Rom viel mit der Fürstin verkehrte, sagt von ihr in ihren *Memoiren einer Idealistin*: «Sie war nicht schön, war es nie gewesen und erzählte mir einmal lachend, daß ihre Mutter, eine elegante, schöne, den Weltfreuden zugetane Frau, sich betrübt habe, daß sie so häßlich sei, und daß sie ihr zum Trost gesagt hätte, sie solle nur ruhig warten, nach der Auferstehung werde sie wunderschön sein!» Und Liszts Beurteilung? In einem Brief an seine Mutter aus dem Jahr 1853 umging er die übliche Art, sich über den augenfälligen Eindruck zu äußern, bestätigte aber doch indirekt die allgemeine Ansicht, indem er schrieb: «Ich behaupte, daß die Fürstin Wittgenstein schön, sogar sehr schön ist, denn ihre Seele verklärt ihr Antlitz zu hoher Schönheit.»

Während des ganzen Frühlings und Sommers [1847] hatte Liszt in Briefwechsel gestanden mit Carolyne v. Sayn-Wittgenstein, diesem «unzweifelhaft ganz außerordentlichen und kompletten Prachtexemplar von Seele, Geist und Verstand», wie er sich damals brieflich über sie ausdrückte. Nun war sie zu Liszts Konzerten nach Odessa gekommen, zu seiner großen Freude, und dort entspann sich zwischen beiden ein herzliches Verhältnis. Die Fürstin machte Liszt den Vorschlag, nach Beendigung der Saison die Herbst- und Wintermonate bei ihr auf ihrem Gut Woronince zu verbringen. Dort könne er angefangene schöpferische Arbeiten ungestört vollenden und Kompositionsaufträge ausführen, die sie selbst ihm erteilen wolle.

In Woronince erlebte er nun eine Zeit treu umsorgender Gastfreundschaft in anregendster Atmosphäre und einer wohltuenden Gemeinschaft, wie er sie schon lange schmerzlich entbehrt hatte. Die Übereinstimmung seiner weltanschaulichen, geistigen und künstlerischen Ansichten mit jenen der Fürstin war für ihn ein beglückendes und schöpferisch anfeuerndes Erleben. Gemeinsame Lektüre und Zusammenarbeit füllten, wie zwölfeinhalb Jahre zuvor in Genf mit Marie d'Agoult, die Stunden vieler Tage. Und doch, welch ein Unterschied! Gott Eros hielt sich im Hintergrund; Schwärmerei und Begierde, Leidenschaft und Vergötterung, Eifersucht und Empfindlichkeit hatten hier keine Statt. Liszts Lieblingsdichtung, Dantes *Göttliche Komödie*, bot ihm nun, Seite an Seite mit der Fürstin, noch vertiefteren Genuß als damals in Genf. Sein schon lange gehegter, doch im Ungewissen schwebender Plan, den dichterischen Gehalt des Danteschen Werkes musikalisch zu fassen, wurde jetzt, gestützt durch den Wunsch der Fürstin, zu ernstlichem Vorhaben.

Zunächst streifte ihn der Gedanke, durch Mitbeteiligung von Malerei und gesprochenem Wort ein Universalkunstwerk zu gestalten, gemäß seiner Idee von der Einheit aller Künste, die er ja schon in seinen frühesten literarischen Arbeiten vertreten hatte. Er dachte sich, daß die Fürstin den Text anordnen und der Maler Genelli illustrierende Bilder dazu schaffen könnte, die während der Wiedergabe der Komposition vor dem Publikum in Art eines Dioramas vorüberziehen sollten. Von dieser Absicht der Verquickung dreier Künste kam er jedoch bald wieder ab.

In dem Woronincer Winter entstanden nur die Anfangs-Motive zu seiner *Dante-Symphonie*, der er sich ausschließlich erst im Sommer 1855 widmete. So keimhaft die Entwürfe zu diesem großen Werk damals auch noch waren, in Verbindung mit dem *Pater noster*-Chorwerk, das die Fürstin in Kiew gehört hatte, überzeugten sie diese nach ihrem eigenen Ausspruch davon, daß Liszt ein Genie sei. Blieben die Dante-Entwürfe damals in den Anfängen stecken, so sind den ersten Monaten des Verbundenseins mit Carolyne v. Sayn-Wittgenstein andere Kompositionen zu verdanken: einige Stücke der ihr zugeeigneten Sammlung *Harmonies poétiques et religieuses*, darunter «Invocation», «Bénédiction de Dieu dans la solitude» (beide Texten Lamartines nachgestaltet) und «Cantique d'amour». Ein ebenfalls damals entstandenes, jedoch erst 1885 gedrucktes Klavierwerk *Glanes de Woronince* ist eine Erinnerung an das ländliche Geburtstagsfest, das die Gutsherrin ihrem Gast bereitete. In dieses dreiteilige Tonstück, dessen Mittelsatz Chopins Lied *Mädchens Wunsch* umspielt, sind ukrainische Melodien eingewoben, die eine von der Fürstin zu diesem Fest bestellte Zigeunerkapelle vorgetragen hatte. Viele Jahre war es nun schon her, daß Liszt seinen Geburtstag nicht mehr in häuslichem Kreise gefeiert, und so wurde er ihm an diesem 22. Oktober 1847 schon an und für sich, außerdem aber auch noch aus besonderen Umständen zu großer Freude: Schon im September hatte er seiner Mutter aus Nikolajew geschrieben: «... Die Lösung meiner Lebensfrage naht. Ein ebenso unerwartetes als entscheidendes Ereignis scheint die Waagschale des Geschicks auf die Seite des Glücks zu neigen und stellt mir eine Lebensaufgabe, der ich mich gewachsen fühle – es müßten denn sehr unglückliche und unvorhergesehene Zufälle die Verwirklichung meiner Hoffnungen verhindern. – Feiere meinen Geburtstag und bete mit den Kindern für mich...»

Seine Wünsche hatten sich mit denen der Fürstin getroffen. Während des nahen Zusammenlebens auf dem Gut ergriff die Liebe unwiderstehlich von beiden Besitz. Der Gedanke, daß ihrer Gemeinschaft nur kurze Zeit vergönnt sei und Liszt dann wieder scheiden müsse, um in Weimar sein allwinterliches Amt zu versehen und danach endlose Konzertreisen zu unternehmen, ermutigte die Fürstin, ihm das Geständnis zu machen, sie wolle allen Widerständen zum Trotz ihm ganz angehören und dereinst seinen Namen tragen. Sie kannte zwar die Mauern, die sich für sie als Katholikin vor einer Scheidung auftürmten, doch war sie gewillt, alles aufzubieten, um sie zu durchbrechen. Liszt wandte ein, daß die Lösung ihrer Ehe sie dem erstrebten Ziele nur zur Hälfte näherbringe, da die Einwilligung zu einer neuen Vermählung von den kirchlichen Behörden doch nicht zu erreichen sei. Die Fürstin beruhigte ihn aber mit dem Hinweis auf einen Paragraphen im Kirchenrecht, der eine Wiederverheiratung ermögliche, wenn nachgewiesen werden könne, daß die geschiedene Ehe in minorennem Alter und gegen den eigenen Willen geschlossen worden sei. Beides traf bei der Fürstin v. Sayn-Wittgenstein zu. Die Liebenden waren sich indessen klar darüber, daß äußerst vorsichtig zu Werk gegangen werden müsse, um den Plan nicht von vornherein zu gefährden. Liszt schlug vor, die Großherzogin von Sachsen-Weimar um ihren Schutz für Carolyne zu bitten. Er hoffte, daß Maria Paulowna, die ihm freundlich gesinnt war, als Schwester des regierenden Zaren vielleicht mit dessen Hilfe die Scheidung der Fürstin erwirken könne. Liszts Geburtstag hatte die Besiegelung des Bündnisses gebracht. Carolyne schenkte ihm eine kostbare geflochtene Schnur aus reinem Gold, die an der Stelle der Verknotung das eingravierte Wörtchen Tout trägt. «Tout», der Inbegriff ihrer Liebe, «ganz und unauflösbar» sollte es besagen.

Am 24. Januar 1848 schlug nach mehr denn drei Monaten stillen Glücks die Abschiedsstunde. Als der Wagen, der Liszt entführte, ihren Augen entschwunden, las die Fürstin die Zeilen, die er ihr übergeben: «Sie, die meine einzige Liebe, meine einzige Hoffnung, mein besseres Ich, verlassen Sie mich nicht! Die Ruhe und das Licht werden mir wieder in die Seele kommen durch Sie. Sie haben mir so schöne Tage des vollen Seins und harmonischen Vergessens gegeben. Seien Sie dafür gesegnet! Unser Leben wird gut, ruhig und schön sein vor Gott und den Menschen.»

DIE HEMMUNGEN DES JOHANNES BRAHMS

1848 trat Liszt seinen Posten als Kapellmeister in Weimar an und residierte auf Schloß Altenburg, dem Wohnsitz seiner neuen Lebensgefährtin, der Fürstin Sayn-Wittgenstein. Dort durfte ihm auch der blutjunge Johannes Brahms seine Aufwartung machen, der als Klavierbegleiter des ungarischen Violinvirtuosen Eduard Reményi durch die Lande zog. William Mason, ein amerikanischer Liszt-Schüler, hat diese für den bescheidenen Jüngling äußerst frustierende Begegnung beschrieben:

Anfang Juni schickte uns Liszt ein paar Zeilen, wir möchten am nächsten Morgen nach der Altenburg kommen, da er den Besuch eines jungen Mannes erwarte, dem als Pianisten und Komponisten großes Talent nachgerühmt werde und dessen Name Johannes Brahms sei. Er sollte in Gesellschaft Eduard Reményis erscheinen. Als ich dann mit Klindworth auf die Altenburg ging, fanden wir Brahms und Reményi schon im Empfangszimmer vor. Nachdem wir die neuen Ankömmlinge begrüßt hatten, von welchen uns Reményi *par renommée* bekannt war, trat ich an einen Tisch, auf welchem Musikmanuskripte lagen: einige der von Brahms damals noch nicht veröffentlichten Kompositionen. Ich begann die Seiten des zuoberst auf dem Haufen liegenden Heftes umzublättern, es enthielt das Scherzo op. 4 in es-Moll. Wie ich mich erinnere, war die Schrift so unleserlich, daß ich bei mir selbst dachte: wenn ich das Stück studieren sollte, so wäre ich vor allem genötigt, zuerst eine Abschrift davon zu machen.

Endlich kam Liszt herunter. Nach einiger allgemeiner Konversation wandte er sich zu Brahms und sagte: «Es interessiert uns sehr, von Ihren Kompositionen zu hören. Vielleicht haben Sie Lust, etwas vorzuspielen.» Brahms, der augenscheinlich sehr nervös war, versicherte, es sei ihm ganz unmöglich, in solch einem Zustande der Verwirrung zu spielen, und konnte trotz der ernstlichen Vorstellungen Liszts und Reményis nicht dazu gebracht werden, sich dem Klavier zu nähern. Liszt, der sah, daß auf diese Weise nicht vom Flekke zu kommen war, ging an den Tisch, nahm das erste Stück, jenes unleserliche Scherzo, zur Hand und sagte: «Nun, so werde ich spielen müssen.» Er legte die Noten aufs Pult. Wir hatten oft seine ungewöhnlichen Fähigkeiten im Prima-vista-Spiel bewundert und betrachteten ihn darin als unfehlbar. Aber trotz unseres Vertrauens in seine Geschicklichkeit hatte ich die heimliche Angst, hier könne unser Glaube erschüttert werden. Ich zitterte förmlich, als Liszt das Scherzo auflegte. Er aber las es in so wunderbarer Weise vom Blatt, indem er zu gleicher Zeit kritische Bemerkungen über das Gespielte dazwischen warf, daß Brahms erstaunt und entzückt war.

Daß Liszt Brahms mit dem Vortrage seines Scherzos eine besondere Aufmerksamkeit hätte erweisen wollen, ist kaum anzunehmen. Es war ein Coup, den Liszt öfters anwandte, um sich die Herzen junger Komponisten zu erobern. Je schlechter deren Versuche ausgefallen und je unleserlicher die Noten geschrieben waren, desto besser für ihn. Er phantasierte dann etwas Artiges hinzu und las aus dem Manuskript mehr heraus, als darin stand, so daß er die Zuhörer verblüffte, und nicht zum wenigsten den geschmeichelten Komponisten, der mit dem beseligenden Bewußtsein, den Göttern um ein Erkleckliches näher gerückt zu sein, erhobenen Hauptes von dannen ging...

Wenn bei den ihm gespendeten Lobeserhebungen seine Wangen glühten, so war es eher die Scham als die Freude, was Brahms das Blut ins Gesicht trieb. Zu seinem Glück war er mit größerer Widerstandsfähigkeit ausgerüstet als schwächere Naturen, die in Liszts berückender und verzehrender Persönlichkeit auf- oder untergingen. Von dem anfänglichen Staunen über die in der Altenburg aufgehäuften Kostbarkeiten, Reliquien und Kunstschätze hatte er sich bald erholt; die auf Liszt geprägten Goldmünzen, die Ehrenketten, die mit seltenen Edelsteinen verzierten Ringe, Busennadeln, Dosen und Briefbeschwerer, die eingelegten Taktierstäbe, silbernen Notenpulte, Porzellanservice, die Säbel und Dolche, Tabakspfeifen und Meerschaumspitzen, die in Kupfer gestochenen, mit Bleistift und Kohle gezeichneten, in Öl gemalten, in Marmor und Alabaster gemeißelten, in Gips geformten Porträts des gefeierten Einzigen besichtigte er mit der Seelenruhe eines Reisenden, der eine Ausstellung von Raritäten besucht.

Wir froh bin ich, konnte er mit dem griechischen Philosophen ausrufen, daß ich all dies nicht nötig habe! Mozarts und Beethovens Klaviere, die zu den Sehenswürdigkeiten der Altenburg gehörten, ließen ihn wehmütig der Zeit gedenken, die noch kein Panorganon und kein Kunstwerk der Zukunft zu ihrer Seligkeit brauchte. Was Brahms von den Lisztschen Partituren zu sehen und zu hören bekam, ging ihm wider seine musikalische Natur, und er begriff die aufrichtige oder geheuchelte Verzücktheit nicht, mit welcher seine ihm gleichgeordneten Weimarer Kollegen die offenkundigen Zeugnisse einer renommierenden Erfindungsschwäche begrüßten. Hie und da bemerkte er, daß es gewaltige Unterschiede in der Temperatur des allgemein zur Schau getragenen Enthusiasmus gab, die Begeisterung sank bei manchem vom Siede- bis zum Nullpunkt herab, sobald der Dalai-

Lama den Rücken gekehrt hatte. Seinen Ekel zu
überwinden, verlor sich der ehrliche Jüngling in
den duftigen Schatten des im herrlichsten Frühlingsschmucke
prangenden Parkes oder suchte die
prunklosen Wohnstätten der Dichter auf, die ihn
in der von Hause mitgenommenen Zuversicht bestärkten,
daß die Musen keine Freundinnen von
übertriebenem Komfort und Luxus sind.

«WEG MIT ALLEM THEATERDRECK!»

*Um die Uraufführung von Richard Wagners Oper
«Lohengrin» am Weimarer Hoftheater (28. 8.
1850) gab es heftige Diskussionen und eine aufschlußreiche
Korrespondenz zwischen dem Komponisten
und dem Dirigenten.*

Franz Liszt an R. W.

[Weimar, Frühsommer 1850]

Teuerster Freund!

Du hast nicht aufgehört, mir sehr gegenwärtig und
am Herzen gelegen zu sein, glaube es mir. Die
ernste und enthusiastische Bewunderung, welche
ich Deinem Genie gewidmet habe, könnte sich
keinen schläfrigen Gewohnheiten und unfruchtbaren
Gefühlen anbequemen. Alles, was mir also

zu tun möglich sein wird, sei es im Interesse Deines Rufes und Deines Ruhmes, sei es im Interesse Deiner Person, ich werde es bei keiner Gelegenheit zu tun versäumen, Du kannst dessen vollkommen sicher sein. Allein einem Freund wie Dir ist nicht immer leicht und bequem zu dienen, denn für diejenigen, welchen es gegönnt ist, Dich zu verstehen, handelt es sich vor allem darum, Dir mit Verstand und Würde zu dienen...

Dein *Lohengrin* wird unter den außerordentlichsten und für sein Gelingen besten Bedingungen gegeben werden. Die Intendanz gibt bei dieser Gelegenheit nahezu 2000 Taler aus, was seit Menschengedenken noch nie in Weimar geschehen ist. Die Presse soll nicht vergessen werden, und anständige und ernst begründete Aufsätze werden der Reihe nach in verschiedenen Zeitungen erscheinen. Das ganze Personal wird Feuer und Flamme sein. Die Zahl der Violinen wird ein wenig vergrößert werden (von 16 bis 18 im ganzen), die Baßklarinette ist gekauft worden; nichts Wesentliches wird dem musikalischen Gewebe noch seiner Zeichnung fehlen; ich werde alle Proben, Klavier, Chor und Orchester übernehmen; Genast wird mit Wärme und Energie Deine Angaben bezüglich der Inszenierung befolgen. Es versteht sich von selbst, daß wir keine Note, kein Jota Deines Werkes streichen und daß wir es, soweit es uns möglich ist, in seiner reinen Schöne geben werden.

[Weimar, Sommer 1850]

Lieber Freund!...
Wir schwimmen ganz im Äther Deines *Lohengrin*, und ich schmeichle mir, daß es uns gelingen wird, ihn Deinen Ansichten gemäß zu geben. Wir machen täglich drei- bis vierstündige Proben, und bis jetzt sind die Rollen und das Quartett so ziemlich in Ordnung. Von morgen an werde ich mit den einzelnen Blasinstrumenten, die den Anforderungen der Partitur gemäß vollzählig sein werden, proben.

[Weimar, am 2. September 1850]

Teuerster Freund!
Dein *Lohengrin* ist von Anfang bis Ende ein erhabenes Werk. Bei gar mancher Stelle sind mir die Tränen aus dem Herzen gekommen. – Da die ganze Oper ein einziges unteilbares Wunder ist, kann ich Dir unmöglich diesen oder jenen Zug, diese oder jene Kombination, diesen oder jenen Effekt besonders hervorheben...

Unsere erste Aufführung war verhältnismäßig befriedigend. Herr von Bülow, der Dich bald sehen wird, kann Dir ganz genaue Nachrichten darüber geben. Die zweite wird erst in zehn oder zwölf Tagen stattfinden können. Der Hof sowie einige geistvolle Personen von Weimar sind von Sympathie und Bewunderung für Dein Werk erfüllt. Und was die Masse des Publikums betrifft, so wird sie es sich gewiß zur Ehre rechnen, das schön zu finden und zu applaudieren, was sie nicht verstehen kann.

[Weimar, am 16. September 1850]
Teuerster Freund,
die zweite Aufführung Deines Meisterwerkes hat meiner Erwartung entsprochen, und die drei oder vier folgenden werden für alle die Meinung, die ich sofort beim Einstudieren des *Lohengrin* aussprach, bis zur Evidenz beweisen: nämlich, daß dieses Werk dem Publikum, das sich würdig erzeigt, es aufzufassen und zu genießen, mehr Ehre machen wird, als das Publikum *ihm* durch irgendwelchen Erfolg und Applaus erweisen könnte.

«Weg mit allem Theaterdreck!» habe ich ausgerufen, als wir zum ersten Mal die ersten Szenen des *Lohengrin* probierten. «Weg mit allem Kritikasterdreck und dem gewöhnlichen Schlendrian der Künstler sowie des Publikums», habe ich wohl zwanzig- und hundertmal seit sechs Wochen hinzugefügt. – Endlich, und *endlich* ist mir die Genugtuung geworden, Dir ganz positiv versichern zu können, daß Dein Werk von Aufführung zu Aufführung besser gegeben und besser angehört und verstanden werden wird.

AKKORDE, DIE IN DER LUFT LIEGEN

Der bekannte Musikschriftsteller Ludwig Kusche ist in seinem Liszt-Buch (1961) auch der Frage nachgegangen, ob Richard Wagner und Franz Liszt tatsächlich bisweilen «voneinander abgeschrieben» haben:

Seltsamerweise scheint man zu Lebzeiten Liszts und Wagners die merkwürdigen Extravaganzen des großen Richard vornehmlich der Freundschaft mit Liszt zugeschrieben zu haben, wie aus einem Briefe Gottfried Kellers aus Zürich vom Jahr 1857 hervorgeht: «Richard Wagner ist durch die Anwesenheit Liszts, der seinetwegen kam, wieder sehr rappelköpfig und eigensüchtig geworden, denn jener bestärkt ihn in allen Torheiten.» Diese der Welt ehemals so stark zum Bewußtsein gekommene Personalunion Wagner–Liszt wurde für letzteren schon bei Lebzeiten zum Verhängnis, obwohl beide in ihrem Schaffen in keiner Weise als Konkurrenten angesehen werden konnten, da jeder von ihnen als Komponist auf völlig anderen Gebieten der Musik tätig war. Trotzdem aber glaubte man sie als musikalisch zusammengehörig betrachten zu müssen. Und wenn bei Liszt bestimmte Themenbildungen, motivische Durchführungen, harmonische Übergänge und vor allem charakteristische Akkordbildungen auftraten, die man schon einmal gehört zu haben glaubte, dann hieß es und heißt es noch heute: Aha, das hat er von Wagner! Niemals sagte man bei Wagner: Aha, das hat er von Liszt! Obwohl man es mit genau demselben Recht sagen könnte. Das ist auch der Grund, warum man Liszt immer wieder der sogenannten Stillosigkeit geziehen hat. Man muß in diesem Falle Friedrich Nietzsche bewundern, der ein vorzügliches Gefühl für Musik und Stil hatte, was allein schon seine *Randglossen zu Bizets Carmen* und manche seiner eigenen Lieder beweisen. In einem Brief Nietzsches vom Jahr 1878 steht zu lesen: «Gestern kam, von Wagner gesandt, der *Parsifal* in mein Haus. Eindrücke des ersten Lesens: mehr Liszt als Wagner, Geist der Gegenreformation.» Bezüglich der Gegenreformation im Hinblick auf Liszt war Nietzsche wohl im Irrtum, auch wenn jener inzwischen Abbé geworden war. Daß aber die Themen und die Melodiebildung im *Parsifal* den Duktus der Melodiebildungen von Liszts Spätwerken aufweisen, das hat der musikalische Einsiedler von Sils-Maria schon beim Durchlesen des Klavierauszugs gemerkt.

Sehr wahrscheinlich kannte Nietzsche nicht einmal *Die Glocken des Straßburger Münsters,* ein kleines Oratorium Liszts auf einen Text des Amerikaners Longfellow, dessen Orchestervorspiel mit einem einstimmig vorgetragenen Thema beginnt, welches notengetreu dem Anfang des *Parsifal*-Vorspiels entspricht. Liszts Komposition wurde 1874 geschrieben, das *Parsifal*-Vorspiel 1877. Es ist im übrigen anzunehmen, daß Nietzsche sich über die eigenständige Bedeutung des Komponisten Liszt durchaus im klaren war und nach seinem Abfall von Wagner es tief bedauerte, den alten Liszt so völlig im Schlepptau Bayreuths und Wahnfrieds zu wissen. Selten findet man in Nietzsches Briefen eine so tiefe Resignation wie in jenem, der kurz nach Liszts Tode an Malvida v. Meysenbug gerichtet war: «So hat sich denn der alte Liszt, der sich aufs Leben und Sterben verstand, nun doch noch gleichsam in die Wagnersche Sache und Welt hinein begraben lassen: wie als ob er ganz unvermeidlich und unabtrennlich hinzugehörte. Dies hat mir in die Seele Cosimas hinein weh getan: es ist eine Falschheit mehr um Wagner herum, eines jener fast unüberwindlichen Mißverständnisse, unter denen heute der Ruhm Wagners wächst und ins Kraut schießt.» – Dieses «unüberwindliche Mißverständnis» scheint wirklich ein solches zu sein, wobei Liszts Grabkapelle in Bayreuth für die Besucher der Festspiele heutzutage fast so etwas Ähnliches darstellen dürfte wie die Begräbnisstätte der Lieblingshunde des alten Fridericus Rex in Sanssouci.

Liszt war wohl der lauterste Charakter als Mensch und Künstler, den uns die Musikgeschichte in ihrem Verlauf zu bieten hatte. Wir Menschen von heute haben in unserer jüngsten Vergangenheit zur Genüge erfahren, welcher Heldenmut – hier ist das Wort einmal am Platz – dazu gehört, den Standpunkt großen Menschentums und Künstlertums (was nicht immer auf das gleiche hinausläuft) auch dann zu vertreten, wenn es sowohl politisch als auch künstlerisch für den Betreffenden lebensgefährlich ist. Man sollte niemals vergessen, daß Liszt einem Richard Wagner, der sich nach der 48er Revolution in Dresden dem russischen Revolutionär Michael Bakunin und dessen politischen Ideen angeschlossen hatte, was zu seiner steckbrieflichen Verfolgung durch den Deutschen Bund führte, nicht nur die Treue hielt, sondern ihn auch einige Zeit bei sich in Weimar aufnahm, wo man den Flüchtling zuerst auf der Altenburg, dem Wohnsitz der Fürstin Wittgenstein, und einige Tage später auf dem nahe gelegenen Kammergute Magdala verbarg. In den Tagen von Wagners Aufenthalt führte Liszt im Hoftheater zu Weimar den *Tannhäuser* auf, um dem Freund, der inkognito die Probe besuchte, eine seelische Stärkung für die Heimatlosigkeit zu bieten, die ihn erwartete. Und Liszt tat noch ein übriges: Er besorgte einen auf den Namen Dr. Widmann gefälschten Paß, der auf das Reiseziel Zürich ausgestellt war und es Wagner ermöglichte, in die Schweiz zu fliehen. Wagner hätte in seinem Leben keinen besseren Kurwenal finden können! 1850, Wagner lebte längst im Exil, kam es zur Uraufführung des *Lohengrin* in Weimar unter der Leitung Liszts. Liszt hatte jene Treue gehalten, worauf Wagner in seinen Operntexten stets so großen Wert legte. Viele Jahre später, Wagner war längst amnestiert und sein Wohnhaus und Festspielhaus in Bayreuth entstanden, spielte Liszt eines Abends, zum Andenken Goethes, vor einigen Freunden auf dem Flügel im Hause Wahnfried seine *Faust-Symphonie* vor. Der dabei anwesende junge Komponist Wilhelm Kienzl sah, wie Wagner während Liszts Spiel plötzlich aufstand, an den Flügel trat und scherzend zu Liszt sagte: «Du, Papachen, das hab ich dir ja gestohlen!» Liszt antwortete während des Spielens: «Nun, das ist recht; da hört es doch wenigstens jemand!» Dazu ist folgendes anzumerken: Ein Thema des ersten Satzes der *Faust-Symphonie* hat große Ähnlichkeit mit einem Thema der Sieglindenszene im zweiten Akt der *Walküre*. Nun ist Tatsache, daß sowohl die *Faust-Symponie* wie auch der zweite Akt der *Walküre* genau zur selben Zeit im Jahr 1854 komponiert wurden. Hier ist ein Vorher und Nachher, also ein Plagiat, ausgeschlossen.

Man sollte bei den Genies der Melodieerfindung, und das waren sowohl Wagner als auch Liszt, nicht immer dem einen das zugute halten, was man dafür dem anderen abzieht. Beide hatten es nicht nötig, voneinander abzuschreiben. Viel richtiger wäre eine Betrachtungsweise Liszts und Wagners von jenem vernünftigen Gesichtspunkt aus, daß sowohl in der Kunst wie auch in der Wissenschaft zu gewissen Zeiten Dinge gefunden oder erfunden werden, die sozusagen in der Luft liegen. Daß das durchaus möglich und immer wieder der Fall ist, davon weiß jedes Patentamt zu berichten.

SCHWANKENDE GESTALTEN

Gemütlich bis feuchtfröhlich verliefen offenbar die Zusammenkünfte Franz Liszts mit seinen Weimarer Schülern und Künstlerfreunden. Der seinerzeit vielversprechende Jung-Komponist Wendelin Weißheimer weiß davon zu erzählen.

Bereits am folgenden Tag [1858] mußte ich zum Diner auf die Altenburg kommen, zu welchem auch Hans v. Bronsart und der bekannte Musikschriftsteller Graf Laurencin aus Wien geladen waren. Ihre Durchlaucht, die Fürstin Sayn-Wittgenstein, machte während der Tafel in liebenswürdigster Weise die Honneurs, und ihr Abgott Franz Liszt war in sprudelnder Laune. Nachdem endlich der Kammerdiener Otto den Champagner serviert hatte, wurde die Tafel aufgehoben, und man begab sich in die oberen Räume, ins Rauchzimmer und den Musiksalon, welche beide einen einzigen Raum bildeten; denn Rauchen und Musizieren waren bei solchen Gelegenheiten für Liszt untrennbare Begriffe. Er hatte stets vorzügliche Havannazigarren von ungewöhnlicher Länge in Bereitschaft, die gleich von Otto mit dem Mokka zusammen präsentiert wurden. Auch die Frau Fürstin war mit in die oberen Räume gefolgt.

Als sich Liszt an einen der beiden Flügel setzte, schob sie einen Fauteuil dicht heran und ließ sich erwartungsvoll darauf nieder, ebenfalls eine der langen Havannas im Munde, die sie behaglich schmauchte. Wir andern rückten in Liszts Nähe, welcher wieder, wie im vorigen Jahre, an seinem «Bösendorfer» saß und das Manuskript seiner *Faust-Symphonie* vor sich aufgeschlagen hatte. Ich hatte dies (wohl sein bedeutendstes) Werk schon zwei Jahre vorher unter seiner Leitung mit Orchester bewundert und war entzückt, es diesmal von seinen Zauberhänden auf dem Klavier zu hören. Natürlich spielte er wieder das *ganze* Orchester, natürlich war abermals, *wie* er das machte, über allen Begriffen – und natürlich gerieten wir Zuhörer in die äußerste Exaltation. Frau Fürstin sprang nach dem herrlichen «Gretchen» vom Fauteuil auf, ergriff Liszt und küßte ihn so innig, daß allgemeine Rührung eintrat. (Die Havanna war ihr vorher ausgegangen.) Nun ging es an den ebenso geistreichen als tollkühnen Mephisto-Satz, dessen vollendetster Widergabe wir staunend folgten. Beim Eintritt des *Chorus mysticus* markierte Liszt den Gesang erst allein, sah sich aber bald nach Unterstützung um, die Herr v. Bronsart und ich sofort eintreten ließen. So konnte er sich ganz dem Tenorsolo widmen, das er mit voller Stimme sang, während wir den Chor markierten, und als das Forte kam: «Alles Vergängliche ist nur ein Gleichnis; das Unzulängliche, hier wird's Ereignis; das Unbeschreibliche, hier ist's getan», gaben wir die Rolle des Markierens völlig auf und sangen im Verein mit Liszt die hinreißende Stelle aus voller Kehle. Der Vortrag der *Faust-Symphonie* war hier zu Ende – und das Unbeschreibliche war getan!

In liberalster Weise widmete mir nun Liszt wöchentlich dreimal seine kostbaren Stunden. Was ich an Kompositionen bereit hatte, wurde des genauesten durchgeprüft und sorgfältigst ausgefeilt. Gewöhnlich war noch einer der Klavierspieler, Bendel oder Pflughaupt, mit anwesend oder auch der blonde, rotbäckige Jungmann, welcher, gleich mir, hauptsächlich Komposition studierte. Waren die betreffenden Stücke durchgeprüft, so kamen die Klavierspieler an die Reihe. Liszt hatte jetzt an dem zweiten Flügel Platz genommen, und jede Stelle oder Passage, welche auf dem ersten nicht nach seinem Geschmack herauskam, wurde sofort auf dem zweiten mit Vollendung beantwortet. Der Schüler versuchte dann, es nachzumachen. Gelang es, so schwieg der zweite Flügel, gelang es nicht, so brauste es wieder von drüben herüber. So ging es öfters zwanzig- bis dreißigmal hin und her. Ärgerte sich Liszt manchmal über Pflughaupt, so ließ er ihn gar nicht mehr zu Wort kommen, sondern spielte dann selbst das betreffende Stück bis zu Ende. Das war uns dann natürlich das liebste – selbst mit Einschluß Pflughaupts. Auf diese Weise hörten wir einen großen Teil der hervorragendsten Klavierstücke von Liszt selber gespielt, so das Webersche f-Moll Konzert, die Beethovenschen Konzerte und Sonaten usw. Aus einer Stunde waren dann gewöhnlich drei oder vier geworden, auf dem Tisch stand eine brennende Kerze, herum lagen Zigarren in flottester Auswahl, denen tüchtig zugesprochen werden mußte. Von «Stundenhonorar» durfte selbstredend kein Wort gesprochen werden; Liszt hätte das als Beleidigung aufgefaßt.

Zur Erholung diente damals der «Neuweimarklub» im Stadthaus am Markt, wo Liszt, gewöhnlich mit nur wenigen Herren, einige Abende kartenspielend oder plaudernd verbrachte und die Freundlichkeit hatte, mich einzuführen. Hier lernte ich auch den Hoftheaterintendanten Franz v. Dingelstedt, den Dichter Hoffmann v. Fallersleben, den würdigen Schauspielerveteran Franz

Eduard Genast, seinerzeit noch von Goethe engagiert, Musikdirektor Sontag und andre kennen. Auch der berühmte Schriftsteller Karl Gutzkow war einmal anwesend, öfters dagegen der Maler Bonaventura Genelli, der ebenfalls in Weimar wohnte. Besonders ergötzlich war der gemütliche Hoffmann v. Fallersleben, dem ich seine *Deutsche Philisterei* für Männerchor komponierte. Daß fortwährend der zweite Baß die ironischen Worte «auf der Bierbank» einzuwerfen hatte, gefiel ihm über die Maßen. Zu diesen geselligen Abenden pflegte Liszt einen vorzüglichen Cognac mitzubringen, der dann als Punsch oder auch pur getrunken wurde und die Gemüter äußerst anregte. Für die damalige nervöse Gemütsverfassung Liszts war jedoch dieses Lieblingsgetränk gerade am wenigsten geeignet, besonders wenn eine erregte Debatte erfolgte, wie zum Beispiel eines Abends mit dem Theaterintendanten v. Dingelstedt, mit dem der Friede infolge von Liszts Rücktritt vom Dirigentenpult immer noch nicht völlig hergestellt war. Ein Wort folgte dem andern und ebenso ein Glas dem andern. Es ließ sich nicht leugnen – Liszt hatte einen «Spitz». Er schien es selbst zu merken, denn er brach plötzlich auf. Ich folgte ihm, ihn nach Hause zu begleiten. Gern nahm er das an. Als die Treppen im Tannengebüsch langsam erstiegen waren und wir vor der Altenburg angelangt waren, wollte ich mich empfehlen. Da sagte aber Liszt energisch «Nein! Sie haben mich bis hierher gebracht, jetzt bringe ich *Sie* nach Haus!» Alle Widerrede, daß es bis zum Wieland-Denkmal, wo ich wohnte, eine halbe Stunde und dunkle Nacht sei, half nichts. Er blieb dabei, mich heimzubringen. So wurde denn der weite Weg in Gottes Namen angetreten. Als wir bei mir zu Hause anlangten, ward es erst recht klar, daß ich Liszt unmöglich allein zurückkehren lassen konnte, und ich sagte: «So, Herr Doktor, wir sind da; jetzt bringe ich *Sie* wieder nach Haus!» Es wurde lachend kehrtgemacht, wieder am Goethe-Haus vorbeigeschritten, die Stadt durchquert, an der Mühle vorbei, die Treppen durch das Tannengebüsch hinaufgeturnt – und wieder standen wir vor der Altenburg. Da holte Liszt tief Atem und sagte: «Wie wohl tut mir die frische Luft! Aller guten Dinge sind drei; jetzt bring ich *Sie* wieder nach Haus!» Ich: «Um Gottes willen, Herr Doktor, es ist Mitternacht vorbei, Sie bedürfen der Ruhe!» Er: «Ich bedarf der Luft; aller guten Dinge sind drei; kommen Sie nur!» Nun ging es vorsichtshalber statt der gefährlichen Treppen die im Bogen um das Tannengebüsch ziehende Landstraße hinunter, wieder an der Mühle vorbei durch die Stadt, bis zum Goethe-Haus – da blieb Liszt einen Augenblick stehen, mich fragend: «Was würde der alte Herr sagen, wenn er uns jetzt sehen könnte?»

«Ihr naht euch wieder, schwankende Gestalten!» war meine schnelle Antwort, und lachend gelangten wir an meine Wohnung. Obwohl sich Liszt jetzt bedeutend besser befand, ließ ich mir's doch nicht nehmen, ihn nun zum dritten- und letztenmal nach Haus zu bringen, wo diesmal der Hausschlüssel auch richtig seines Amtes waltete, und ein herzlicher Gutenachtkuß die dreistündige nächtliche Wanderung zum Abschluß brachte.

DIE SCHWIEGERSÖHNE

Die aus Liszts Verhältnis mit Marie d'Agoult hervorgegangene Tochter Cosima (1837–1930) hatte in erster Ehe 1857 den Dirigenten Hans von Bülow geheiratet. Dreizehn Jahre später verließ sie ihn, um sich mit dem besten Freund des Hauses, Richard Wagner, zu verbinden. A. O. v. Pozsony hat die undankbare Rolle des verlassenen Ehemanns in seinem Buch «Franz Liszt und Hans von Bülow» (1900) dramatisch gestaltet:

«Mich haben die Verhältnisse, unter welchen mich meine Frau plötzlich als verlassenen, einsamen Wanderer in die Welt schickte, erbittert», sagte Bülow zu einem Freunde. «Ich war ein Dummkopf – ja – ja –!» schrie er, «ich war ein Dummkopf; da in der Doppelwohnung in der Arcostraße in München, die ich mit dem großen Meister» (Bülow sprach den Namen Wagner lange nicht aus) «zusammen inne hatte, ging die Geschichte an. Der große Meister, von den *Meistersinger*-Proben angestrengt, wurde nervös und fand später mein Dasein überhaupt überflüssig. Meine Frau fand dies natürlich auch. Der große Meister hatte Methode. So oft ich ungehalten war, wurde er elegisch und spielte meiner Frau Motive aus den *Meistersingern* oder Themen zum *Parsifal* vor, bis sie zu weinen begann. Dann lief ich davon, er blieb – er blieb – ich Dummkopf! – Ach Gott, wie ist man doch zu Zeiten den Freunden und Frauen gegenüber blöde – blöde.»

Diese zu seinen Freunden in nervöser Erregtheit von Bülow gesprochenen Sätze waren vom Ausdruck des bittersten Schmerzes begleitet, denn er hatte Cosima wirklich geliebt.

Als er seinem Schwiegervater, der sich damals in Rom befand, schmerzvoll klagte, daß Cosima ihn verlassen, antwortete ihm Liszt: «Wenn du je deine Frau geliebt, wenn deinen Kindern ein Stück deines Herzens gehört, trage geduldig das Leid als Mann. Auch ich verlor, woran mein Herz mit jeder Faser hing, und beweine still mein Leid.»

Und Bülow litt und trug sein Leid wie ein Mann, denn seine Begriffe waren nie wie die eines modernen Weltmannes nach der Schablone geregelt. Als er von der Vertrautheit Richard Wagners und Cosima erfuhr, hat er nie daran gedacht, was doch der Ehrbegriff so vieler Adeliger in seiner Lage gefordert hätte, nämlich: ihn zur Rechenschaft zu ziehen, und es wäre ihm keine Genugtuung gewesen, seinen Beleidiger zu züchtigen. Als derjenige, welcher bei Bülow in so verächtlicher Weise den Zuträger spielte und ihn von allem, was Wagner tat, wohin er mit Cosima ging usw. in Kenntnis setzte, ihm ein Duell mit Wagner nahelegte, sah er den Zwischenträger scharf an und sagte nach einer Pause: «Ich bin der Beleidigte, habe somit den ersten Schuß. Fast zweifellos würde ich Wagner niederstrecken. Aber mache ich dadurch die Vorfälle ungeschehen? Wird durch den Tod Wagners mein Familienleben wieder hergestellt? Ich hätte also nur ein Genie getötet!

Für diese Art, mir Genugtuung zu verschaffen, bin ich in diesem Falle nicht zu haben.»

EIN TRAUM WIRD ZUNICHTE

Aus dem 1860 in einer religiösen Krise abgefaßten Testament spricht eine tiefe Resignation. Liszts Wunschtraum, in Weimar gemeinsam mit Wagner für alle Zeiten auf einem Podest neben Goethe und Schiller zu stehen, hat sich als unerfüllbar erwiesen.

Weimar, den 14. September 1860.
Ich schreibe dieses nieder am 14. September, am Tage, wo die Kirche das Fest der Kreuzerhöhung feiert. Die Benennung dieses Festes ist auch die des glühenden und geheimnisvollen Gefühls, welches mein ganzes Leben wie mit einem Wundenmal durchbohrt hat.

Ja, «Jesus Christus am Kreuz», das sehnsuchtsvolle Verlangen nach dem Kreuze und die Erhöhung des Kreuzes: das war immer mein wahrer, innerer Beruf; ich habe ihn im tiefsten Herzen empfunden seit meinem siebzehnten Jahr, wo ich mit Tränen und demütig bat, man sollte mir erlauben, in das Pariser Seminar einzutreten: damals hoffte ich, es sollte mir vergönnt sein, das Leben der Heiligen zu leben und vielleicht selbst den Tod der Märtyrer zu sterben! So ist es leider nicht gekommen, aber doch nie ist mir – ungeachtet der Vergehen und der Verirrungen, die ich begangen habe und wegen deren ich eine aufrichtige Reue und Zerknirschung empfinde – das göttliche Licht des Kreuzes ganz entzogen worden. Manchmal sogar hat der Glanz dieses göttlichen Lichtes meine ganze Seele überflutet. Ich danke Gott dafür und werde sterben, die Seele an das Kreuz, unsere Erlösung, unsere höchste Seligkeit, geheftet und, um meinen Glauben zu bekennen, wünsche ich vor meinem Tode die heiligen Sakramente der katholischen, apostolischen und römischen Kirche zu empfangen und dadurch die Vergebung und die Erlassung aller meiner Sünden zu erlangen. Amen.

Es gibt in unserer zeitgenössischen Kunst einen Namen, der jetzt schon ruhmreich ist und der es immer mehr werden wird – Richard Wagner. Sein Genius ist mir eine Leuchte gewesen; ich bin ihr gefolgt – und meine Freundschaft für Wagner hat immer den Charakter einer edlen Leidenschaft beibehalten. Zu einem gewissen Zeitpunkt (vor ohngefähr zehn Jahren) hatte ich für Weimar eine neue Kunstperiode geträumt, ähnlich wie die von Karl August, wo Wagner und ich die Koryphäen gewesen wären, wie früher Goethe und Schiller – aber ungünstige Verhältnisse haben diesen Traum zunichte gemacht.

Meiner Tochter Cosima vermache ich die Zeichnung von Steinle, meinen Schutzpatron, den heiligen Franciscus von Paula darstellend; er schreitet auf den Wellen, seinen Mantel unter den

Füßen ausgebreitet, in der Hand eine glühende Kohle haltend, die andere erhoben, entweder den Sturm zu beschwören oder um die bedrohten Schiffer zu segnen, den Blick gen Himmel, wo in einer Glorie das erlösende Wort «Charitas» leuchtet, gerichtet. Diese Zeichnung hat immer auf meinem Schreibtisch gestanden. Daneben befindet sich eine alte Sanduhr in geschnitztem Holz mit vier Gläsern, die auch für meine Tochter Cosima bestimmt ist. Zwei andere Gegenstände, die mir gehört haben, sollen als Andenken meinem Vetter Eduard Liszt und meinem sehr geliebten und tapfern Schwiegersohn Hans v. Bülow gegeben werden.

Ich wünsche einfach begraben zu werden, ohne Pomp, und womöglich nachts. – Möge das ewige Licht meiner Seele leuchten.

MEPHISTO IN DER SOUTANE

Statt die Fürstin Sayn-Wittgenstein, wie vorgesehen, zu heiraten, entscheidet sich Liszt 1861 für den geistlichen Stand. Er übersiedelt nach Rom und empfängt dort 1865 die niederen Priesterweihen. Der Geschichtsschreiber Ferdinand Gregorovius hat in seinem «Römischen Tagebuch» verschiedene Begegnungen mit dem rasch alternden «Mephisto in der Soutane» festgehalten:

13. 4. 1862

Ich habe Liszt kennengelernt: auffallende, dämonische Erscheinung; groß, hager, lange, graue Haare. Frau v. S. meinte, er wäre ausgebrannt, und nur noch die Wände ständen von ihm, worin ein gespenstisches Flämmchen herumzüngelte.

30. 4. 1865

Am 19. April war Rom feenhaft beleuchtet. Der Tiber an Ponte S. Angelo, wo illuminierte Schiffe lagen, und der Borgo zauberisch schön. Ich fuhr durch die Stadt mit der Fürstin Hohenlohe und Herrn von Klump. Am 21. gab Liszt im Palast Barberini sein Abschiedskonzert. Dilettanten sangen und spielten; er spielte die *Aufforderung zum Tanz* und *Erlkönig* – ein sonderbarer Abschied von der Welt. Niemand ahnte, daß er schon die

Abbatenstrümpfe in der Tasche trug. Am folgenden Sonntag erhielt er im S. Peter die Tonsur und erste Weihe vom Monsignor Hohenlohe. Er trägt jetzt das Mäntelchen des Abbé, wohnt im Vatikan, soll, wie Schlözer mir gestern erzählte, gut aussehen und vergnügt sein. Dies ist das Ende des genialen Virtuosen, einer wahrhaft souveränen Persönlichkeit. Ich bin froh, daß ich Liszt noch spielen hörte; er und das Instrument schienen mir zusammengewachsen, als wie ein Klavier-Zentaur.

15. 2. 1866

Beim Prinzen von Weimar zum Diner gewesen mit Liszt. Liszt war sehr liebenswürdig; er wollte sich mir nähern und sagte mir beim Weggehen, er hoffe, ich würde zu ihm Vertrauen fassen. Dies wird schwer sein, da ich keinen Punkt der Berührung mit ihm habe. Er ist sehr alt geworden; sein Gesicht ganz eingeschrumpft; doch ist seine Lebhaftigkeit noch immer hinreißend. Die Gräfin Tolstoi erzählte mir gestern, daß eine hier lebende Amerikanerin den Überzug eines Stuhls, worauf Liszt saß, eingerahmt und an die Wand gehängt habe; sie habe es Liszt gesagt, der anfangs sich entrüstet gestellt, dann aber gefragt habe, ob es wirklich wahr sei. Wenn solch ein Mann nicht die Menschen verachtet, muß man es ihm hoch anrechnen.

11. 3. 1866

Liszt gab seine *Dante-Symphonie* in der Galleria Dantesca; er erntete noch als Abbé einen Nachsommer der Huldigung. Die Damen des Balkons überschütteten ihn mit Blumen von oben herab; Frau L. hätte ihn mit einem großen Lorbeerkranz fast erschlagen. Die Musik wird von den Römern, als formlos, scharf mitgenommen. Es ist Geist darin, doch reicht er nicht hin. Liszt ging nach Paris. Am Tage vor seinem Abgange frühstückte ich mit ihm bei Tolstoi; er spielte eine Stunde lang und ließ sich dazu willig von einer jungen Fürstin S. zwingen, einer Dame von auffallend kolossalen Formen, aber von ebenso auffallender Intelligenz.

DER DIRIGENT ALS STEUERMANN

Im Jahre 1874 erlebt der strenge Musikkritiker Eduard Hanslick den Abbé aus Rom noch einmal als souveränen Pianisten und Dirigenten:

Es war in einem der von Liszt eingeführten Nachtkonzerte, welche um halb 10 Uhr begannen – eine fatale Einrichtung, von der Not geschaffen und von der Mode eine Zeitlang beibehalten. Die Theater genossen nämlich bis zum Jahre 1848 in

Wien wie in den Provinzialstädten das Privilegium, daß abends keine andere öffentliche Kunstproduktion stattfinden durfte. Nur Liszts Anziehungskraft war hinreichend groß und unfehlbar, um den Musikvereinssaal auch nach dem Theater in allen Räumen zu füllen...

Mit Jubel begrüßt, tritt Liszt auf, in langem, noch zugeknöpftem Abbékleide, setzt sich ans Piano und gibt dem Orchester das Zeichen zum Anfang der *Wanderer-Phantasie* (op. 15) von Schubert. Sein Spiel ist vollendet, wie ehemals, dabei von ruhigerem Geiste und milderem Gemüt erfüllt; nicht so blendend, so packend, aber einheitlicher, ich möchte sagen, solider als das des jungen Liszt gewesen. Glänzender trat er in seiner zweiten Nummer hervor, der *Ungarischen Rhapsodie für Klavier und Orchester*. Das originelle Tonstück, welches in echtem Zigeunerton sich anfangs frei in melancholischem Vagabundieren ergeht, um dann plötzlich stramm, csardaslustig, sporenklirrend aufzuspringen und immer feuriger, immer schneller im Kreise zu wirbeln – es schien alle Jugendgeister Liszts zu erwecken. Das Allegro frappiert durch manche Liszt allein angehörige Effekte, wie das Hämmern beider Hände auf einer Taste und durch die eigentümliche Nachahmung des Cimbals. In unnachahmlicher Weise erreicht Liszt das Schwirren, Klopfen, Hämmern und säuselnde Verhauchen dieses Haupt- und Lieblings-

Instruments der ungarischen Zigeuner. Liszts Vortrag war frei, poetisch, voll geistreicher Nuancen, dabei von edler, künstlerischer Ruhe. Und seine Technik, seine Virtuosität? Ich werde mich wohl hüten, davon zu reden. Genug, daß Liszt sie nicht eingebüßt, sondern höchstens abgeklärt und beruhigt hat. Welch merkwürdiger Mensch! Nach einem reichen, beispiellos bewegten Leben voll Aufregung, Leidenschaft und Genuß kommt der zweiundsechzigjährige Mann wieder, nicht entkräftet, nicht zerstreut, nicht blasiert, und spielt das Schwerste mit der Leichtigkeit, Kraft und Frische eines Jünglings! Mit atemloser Aufmerksamkeit lauscht man nicht bloß seinem Spiel, sondern auch den physiognomischen Wirkungen, die es in Liszts geistvollen, beweglichen Zügen hervorruft. Im Ausdruck kraftvollen Ernstes hat sein zurückgeworfenes Haupt noch immer etwas vom Jupiter; bald blitzen unter den energisch vorragenden Brauen die feurigen Augen, blad hebt ein leichtes Lächeln die so charakteristisch aufgebogenen Mundwinkel noch einige Linien höher. Der Kopf, das Auge, manchmal auch nachhelfend die Hand unterhalten während des Spielens ununterbrochenen Verkehr mit dem Orchester und den Zuhörern. Wie Liszt bald aus den Noten, bald auswendig vorträgt, wie er dabei abwechselnd die Lorgnette aufsetzt und wieder herabnimmt, wie er das Haupt hier lauschend vorneigt, dort kühn zurückwirft – das alles interessiert seine Zuhörer unsäglich, noch mehr die Zuhörerinnen. Es gehörte jederzeit zu Liszts Eigentümlichkeiten, in seiner großen Kunst auch noch mit allerlei kleinen Künsten zu effektuieren; wir wissen ja: «Die Himmlischen wenden oft seltsame Mittel an.» In stürmischem Oktavenlauf fliegt Liszt mit seiner Rhapsodie zum Schlusse; das vielhundertköpfige Publikum klatscht, ruft, jubelt, erhebt sich von den Sitzen, wird nicht müde, den Meister hervorzurufen, der seinerseits in der ruhigen, freundlich dankenden Haltung eines Gewohnheitssiegers kundgibt, daß er noch nicht müde ist. Für den Liszt von heute ist es eine große Leistung; und doch tat er so unbefangen, als sei das nichts und er noch der Liszt von 1840. Fürwahr, ein Liebling der Götter!...

Welcher Zauber umgibt noch immer den bejahrten Mann! Dirigiert er selbst eine seiner Kompositionen, so schweigen nicht bloß die bekannten Mißlaute der Opposition – wie sich das ja bei einem wohlerzogenen Publikum versteht – nein, das Opponieren selbst, das innere Widerstreben so mancher Zuhörer gegen Liszts Schöpfungen schweigt besänftigt, wenn das von Geist und Wohlwollen leuchtende Antlitz des alten Feuerkopfes sie anblickt und Liszts Musik gleichsam durch seinen eigenen Mund zu uns spricht.

Die gestrige Aufführung der Graner Festmesse im großen Musikvereinssaale lieferte den jüngsten

Beleg für jene auffallende Erscheinung. Die Festmesse, jedenfalls Liszts größte Arbeit, wurde in Wien bekanntlich im März 1858 zuerst gegeben. Daß seit einundzwanzig Jahren keine unserer weltlichen oder geistlichen Musik-Autoritäten an eine Wiederholung dieses Werkes gedacht hat, zeigt, wie gering in Wien das Bedürfnis danach war. Auch heute mochte hinreichende Beteiligung des Publikums zweifelhaft sein ohne das anlockende persönliche Erscheinen Liszts. Die Gesellschaft der Musikfreunde hatte sich dieses Talismans weislich versichert, der auch diesmal nicht versagte. Mir persönlich fällt das Bekenntnis schwer, daß ich von diesem Werke keinen anderen Eindruck empfing, als vor 20 Jahren, so redlich ich mich jetzt bemühte, Gefallen daran zu finden. Einige Dornen hat diese Komposition wohl seither verloren, aber es sind ihr keine Rosen nachgewachsen. Wir haben in diesen 20 Jahren musikalisch viel erlebt und viel erlitten – manches ungewöhnlich Formlose, Gewaltsame, Mißtönende übt heute nicht mehr die frühere aufreizende, ärgerlich provozierende Macht über uns. Die *Graner Messe* hat uns nach 20 Jahren sanfter gefunden, aber nicht glücklicher gemacht. Von welcher ihrer zwei Seiten wir diese Kirchenmusik betrachten, von der kirchlichen oder musikalischen, sie bietet uns wohl Anregungen, aber Befriedigungen nimmermehr. An der individuellen Frömmigkeit und Religiosität des Komponisten zweifeln wir keinen Augenblick, vermögen aber für unser Teil nichts von dem verklärten Frieden und der Heilkraft des Gebets in einer Musik zu finden, die das ganze Wirrsal der menschlichen Leidenschaften aufstört, ein Drama irdischer Unrast und Zerrissenheit. Interessant durch zahlreiche geistvolle Züge, durch eindringende musikalische Exegese, imponierend durch Ernst und Größe ihrer Intentionen, merkwürdig endlich als die Schöpfung eines phänomenal organisierten, genialen Mannes, bleibt uns die *Graner Messe* doch schließlich ein durchaus unerquickliches, ungesundes und raffiniertes Werk, in welchem das Ringen nach religiösem Ausdruck und der Hang nach theatralischer Effekthascherei fortwährend um die Herrschaft kämpfen. Wie Mahomeds Sarg, so schwebt Liszts Festmesse heimatlos zwischen Himmel und Erde.

Die Aufführung der *Graner Messe* bot einen merkwürdigen Anblick – das Sehen war ja dem Publikum in erster Linie wichtig. Auf einer erhöhten Dirigenten-Tribüne steht Liszt, in langem schwarzem Abbékleid, aus dessen oberen Knopflöchern ein langes schweres Büschel von Miniaturorden herabhängt, eine wahre Malaga-Traube von Ordenskreuzchen. Zahlreiche um das Pult gehängte und gelegte Blumen-Girlanden und Lorbeerkränze bilden eine Art kleineres Bosquets, von dessen dunklem Grün sich das imposante weiße Haupt Liszts effektvoll abhebt. Liszt dirigiert, wenn man einige leicht andeutende Handbewegungen so nennen kann. «Der Dirigent soll Steuermann sein und nicht Ruderknecht», lautet ein bekannter Ausspruch Liszts. Wenn man glücklicherweise zwei treffliche «Ruderknechte» arbeitend zur Seite hat, dann verschlägt es freilich wenig, daß der Steuermann zeitweilig die Hände in die Taschen steckt. Wenn er manchmal die Hand weit ausstreckte über Sänger und Musiker, da sah es mehr wie ein Segnen aus, als wie ein Dirigieren. Alles aber, er mag tun was immer, kleidet ihn vornehm und bedeutsam und übt den bekannten, halbhundertjährigen Zauber auf jung und alt. Auch auf die Solosänger blieb dieser Zauber nicht ohne Einfluß; sie sangen ihre schwierigen Partien mit wahrhaft apostolischer Hingebung.

Im letzten Philharmonischen Konzert gehörte Liszt ebenfalls das lebhafteste Interesse: sang doch Frau Pauline Lucca – offenbar dem anwesenden Komponisten zu Ehren – zwei Lieder von Liszt: *Mignon* und *Loreley*. Von allen Kompositionen Liszts sind seine Lieder – es gibt deren ein halbes Hundert – am wenigsten gekannt und gesungen. Das verbreitetste und beliebteste ist jedenfalls: *Es muß ein Wunderbares sein*, eines der wenigen Lieder von Liszt, dessen zarte einheitliche Stimmung nirgends gewaltsam zerrissen wird und das rein genossen werden kann.

Es muß ein Wunderbares sein
Von Oskar Freiherr von Redwitz

Es muß ein Wunderbares sein
Ums Lieben zweier Seelen,
Sich schließen ganz einander ein,
Sich nie ein Wort verhehlen,
Und Freud und Leid
Und Glück und Not
So miteinander tragen,
Vom ersten Kuß bis in den Tod
Sich nur von Liebe sagen.

TOD IN BAYREUTH

Nachdem er noch mehrmals hektisch durch ganz Europa gereist ist, stirbt Liszt am 31. Juli 1886 an der Wirkungsstätte seines ihm im Tod vorausgegangenen Schwiegersohnes Richard Wagner in den Armen seiner Tochter Cosima.

Sein zeitweiliger Sekretär, der Pianist August Stradal, schildert in seinen «Erinnerungen an Franz Liszt» (1929) die letzten Monate im Leben seines Meisters, der ihm ein bewegendes geistigmusikalisches Vermächtnis hinterläßt:

Im Sommer 1885 erschien bei Liszt ein amerikanischer Konzertagent und bot ihm zwei Millionen Mark, wenn er in der nächsten Saison nach Amerika kommen würde. Liszt hätte neben anderen Vortragenden nur ein einziges Stück in jedem Konzert spielen sollen. Dieser Antrag wirkte sehr erheiternd auf Liszt; er erwiderte dem Agenten: «Was soll ich, mit 74 Jahren, noch mit zwei Millionen anfangen? Soll ich in Amerika etwa dreihundertmal den Erlkönig spielen? Ein alter Pudel wartet nicht mehr auf!» Eines Abends saß ich beim Nachtmahl im Hotel Elefant, als ich plötzlich Feuerwehrsignale hörte und den Ruf: Es brennt in der Hofgärtnerei! Ich renne atemlos dahin. Vor Liszts Wohnung steht händeringend die Baronin Meyendorff, welche gegenüber der Hofgärtnerei wohnte, und der Diener Mischka. Was war geschehen? Liszt kam vom Nachtmahl der Baronin heim und Mischka wollte dem Meister mit der brennenden Petroleumlampe in sein Schlafzimmer leuchten. Da entfiel dem Diener die Lampe, wodurch das Feuer entstanden ist. Liszt ging ruhig in sein Zimmer und legte sich ins Bett, obwohl er nur den einen Eingang durchs Dienerzimmer hatte. Die Feuerwehr löschte zwar den Brand sehr rasch, aber das kleine Zimmerfeuer hätte verhängnisvoll werden können, da die ganze Hofgärtnerei ein Holzbau war. Nachdem das Feuer gelöscht worden war, drangen wir voll Sorge in des Meisters Schlafzimmer und fanden ihn ruhig schlafend. Am nächsten Morgen kam Mischka heulend zu Liszt und erzählte, daß ihm Wechsel verbrannt seien, und er nun das Geld von den Gläubigern nicht mehr verlangen könne. Liszt war zuerst sehr ärgerlich über diese ganze Sache, gab aber schließlich doch Geld zur Deckung des Schadens.

In der gemeinsamen Stunde spielte einmal eine Dame sehr schlecht die Wasserspiele der Villa d'Este von Liszt aus dem letzten Band der Wanderjahre. Als sie das Spiel beendet hatte, sagte der Meister: «Meine Gnädige, das sind nicht die Wasserspiele im Park der Villa d'Este gewesen, das war die Wasserspülung im kleinsten Lokale der Villa d'Este; die will ich nicht hören und im übrigen waschen Sie Ihre schmutzige Wäsche zu Hause.» – Die Unverschämtheit mancher Pianistinnen war manchesmal nicht mehr zu ertragen, weshalb ich mich freute, daß einmal der Meister dagegen energisch auftrat...

Viele Amerikaner, die damals in Weimar lebten, an der Spitze ein gewisser Bagby, der später ein vielumworbener Konzertagent in New York wurde, gaben ein großes Fest und luden den Meister und uns Schüler dazu ein. Nachdem alle versammelt waren, erschien der Diener Mischka, der auf Befehl Liszts sämtliche Türen zusperrte und die Schlüssel ihm übergebend, die Variationen Rubinsteins über das *Yankee Doodle* (ich glaube, wenn ich nicht irre, es sind 60 Stück) auf das Klavier legte. Liszt lachte ganz sarkastisch und sagte, daß jetzt jeder Schüler ein paar Variationen vom Blatt spielen müsse, keiner dürfe sich dem Vortrage entziehen. Es war dieses eine kleine Rache des Meisters, da er in den letzten Wochen viele Werke von Rubinstein anhören mußte, darunter auch dessen d-Moll-Konzert, dessen Begleitung mir übertragen war. Es folgten nun heitere Szenen, da der eine sich mit einem wehen Finger, der andere sogar mit Hals- und Ohrenschmerzen entschuldigte, nur um nicht spielen zu müssen, was aber überhaupt nichts nützte ...

Liszt litt an großer Augenschwäche und sollte sich, etwa zwei Monate vor seinem Tode, einer Staroperation in Halle durch Professor Volkmann unterziehen, wozu es aber nicht mehr kam. Nun gab Liszt, der schon um vier Uhr früh aufstand, um bis acht Uhr ungestört komponieren zu können, vom Morgen bis zum Abend die Virginia nicht aus dem Munde. Beim Whistspiel mußten wir Schüler auf seinen Wunsch auch rauchen, und so saß der Meister den ganzen Tag in dem von Rauch erfüllten Zimmer, was natürlich seinen Augen sehr schadete. Baronin Meyendorff trug mir daher auf, ich möge veranlassen, daß wenigstens die Schüler in Gegenwart des Meisters nicht rauchen. Beim nächsten Whistspiel rauchte auch kein

Schüler die uns von Liszt angebotenen Virginia an, obwohl der Meister dazu aufforderte. Als wir dieser Einladung nicht nachkamen, fragte Liszt schon etwas ungehalten: «Was ist denn los? Warum raucht denn niemand?» – Worauf ich angstvoll den Auftrag der Baronin meldete. «Was hat die Frau Baronin zu befehlen und was hat der Stradalus da zu untervenieren! Nun, bitte, zu rauchen!» rief Liszt sehr ärgerlich. Als wir im schönsten Whistspiel waren und das Zimmer sich derart mit Rauch füllte, daß man kaum atmen konnte, geht die Tür auf und die gestrenge Frau Baronin erscheint. Aber, siehe da! Der Meister wurde sehr ängstlich und entschuldigte sich ganz kleinmütig über den Rauch, während mich die Baronin mit Verachtung ansah und keines Wortes würdigte. Als ich am nächsten Morgen zum Meister kam, sagte er humoristisch: «Armer Stradalus, zum Diplomaten hat er kein Talent!» lachte herzlich und schenkte mir ein Kistchen feiner Havanna...

Infolge seines schweren Augenleidens konnte der Meister keine Noten mehr schreiben. Da er aber an diese tägliche Arbeit so sehr gewöhnt war, kam eine furchtbare Unruhe und Rastlosigkeit über ihn. Aus diesen Gründen dürften wohl seine unaufhörlichen Reisen zu erklären sein. Da der Meister auch in Bayreuth sich nicht schonte, wurde aus dem Katarrh eine Lungenentzündung.

Nichts ahnend brach ich vom Chiemsee am

27. Juli auf, um zum Meister nach Bayreuth zu fahren, von wo ich ihn nach Kissingen begleiten sollte. Da las ich in den Münchner Neuesten Nachrichten, daß Liszt an Lungenentzündung erkrankt sei. Als ich am nächsten Morgen in Bayreuth ankam, traf ich den Meister schon in so schweren Fieberphantasien, daß er mich nicht mehr erkannte. Sein Zustand erschien hoffnungslos. Am Nachmittag des 31. Juli meinte der Arzt, daß das Ende bevorstehe, doch kämpfte Liszts energische Natur noch immer gegen den Tod, der erst in der Nacht, etwas vor zwölf Uhr, endlich eintrat. Wir Schüler warteten im Garten vor dem Hause in einer wunderbaren Vollmondnacht. Da ertönte plötzlich in irgendeinem Nebenhause *Isoldens Liebestod* in Liszts Bearbeitung. Alle Fenster waren dunkel, kein Licht zeigte sich, wir fühlten nicht, woher die Klänge kamen. – Die Töne hatten etwas Transzendentales, Visionäres!

Ängstlich und bekümmert schauten wir zum Zimmer empor (es war im Hochparterre) und sahen die Schatten von Frau Cosima und des Arztes vorüberhuschen. Etwas vor zwölf Uhr erschien Mischka, der Diener, weinend bei der Türe und meldete den Tod des heißgeliebten Meisters...

Die Beerdigung am 2. August war einfach und schlicht, wie es der Entschlafene in seinem Testament bestimmt hatte. Der älteste von uns Schülern, Eduard Reuss, hielt am Grabe eine kurze Rede. Am selben Tage, als wir Liszt zum ewigen Schlummer betteten, traf der deutsche Kronprinz Friedrich in Bayreuth ein, um der Vorstellung im Festspielhaus beizuwohnen, weshalb Frau Cosima dieselbe nicht absagen konnte, wie es wohl sonst geschehen wäre. Man konnte ihr daraus wohl keinen Vorwurf machen; trotzdem berührte es mich, und vielleicht auch noch andere, sehr schmerzlich, daß an dem Tage, an welchem Liszt, dem Wagner so viel verdankte, ins Grab gesenkt wurde, im Festspielhaus eine Vorstellung stattfand. Unbegreiflich blieb es auch, daß an dieser Stätte keinerlei Trauerfeier abgehalten wurde, zu einer Zeit, wo alle Kunstkräfte zur Verfügung standen; ebenso hätte erwirkt werden müssen, Liszt neben Wagner im Park von Wahnfried zu betten.

Am Tage nach dem Begräbnis fand in der Kirche ein Requiem statt, bei welchem Anton Bruckner auf Wunsch von Frau Cosima auf der Orgel spielte. Hiebei wählte er nicht Motive von Liszt, sondern das Glaubensthema aus dem Parsifal für seine Improvisation. So folgten Liszt auch hier nicht eigene, sondern Klänge Wagners zur ewigen Ruhe nach.

Tief erschüttert kehrte ich in mein Zimmer zurück, nur von dem einzigen schmerzlichen Gedanken erfüllt: «Du hast deinen Meister für immer verloren!» Ich kam mir vollständig verwaist vor. Erst spät gegen Morgen brachte mir seelische und körperliche Erschöpfung Schlaf. – Ich hatte die Partitur der *Faust-Symphonie* mitgenommen, um in Kissingen den Meister gelegentlich betreffs einiger Stellen zu befragen. In meinem Zimmer stand ein Flügel, auf welchem die Partitur lag. Und als ich erwachte und mir das ganze Leid meines Verlustes wieder zum Bewußtsein kam, fielen durch das offene Fenster die Strahlen der aufgehenden Sonne und sammelten sich zu einem leuchtenden Glanze auf der, am Klavier liegenden Partitur der *Faust-Symphonie*. Ich schaute lange auf dieses Lichtwunder, das mich an das Erstrahlen des Rheingoldes gemahnte, bis ich aufsprang, erfüllt von einem, mich plötzlich erfassenden Glücksempfinden. Liszt ist nicht gestorben, er lebt in seinen Werken weiter und wird in diesen immer um mich sein! Ich erwachte aus meiner Trauerapathie wieder zur Lebensenergie, zur großen Lebensaufgabe, die sich mir in dieser Stunde offenbarte, für die Werke des Meisters mit meinem ganzen Ich, mit all meinen Kräften einzutreten.

QUELLENNACHWEIS

An dieser Stelle danken wir den nachstehenden Rechtsinhabern, die uns freundlicherweise den Nachdruck folgender Beiträge gestatteten: Artemis Verlag, Zürich: *Paula Rehberg · Das Zauberwort «Tout»* (aus: «Liszt. Eine Biographie», 1961); Athenäum Verlag, Königstein: *Hector Berlioz · «Das Orchester bin ich!»* (aus: «Memoiren», 1985); Hanser Verlag, München: *Dieter Hildebrandt · Der punische Pianokrieg* (aus: «Pianoforte oder Der Krieg im Saal», 1985); Süddeutscher Verlag, München: *Ludwig Kusche · Künstler und Virtuosen* (aus: «Stimmt denn das auch», 1966) und *Akkorde, die in der Luft liegen* (aus: «Franz Liszt», 1961).

In jenen Fällen, in denen es nicht möglich war, den Rechtsinhaber resp. Rechtsnachfolger zu eruieren, konnte ausnahmsweise keine Nachdruckerlaubnis eingeholt werden. Honoraransprüche der Autoren oder ihrer Erben bleiben gewahrt.

KLEINE BETTLEKTÜREN ERFREUEN JEDES HERZ

*Jeder Band als Geschenk ein Kompliment
zum Lesen ein Vergnügen*

Für Menschen mit Liebhabereien

Feinschmecker	Gartenfreunde
Bierkenner	Blumenfreunde
Kaffeegenießer	Katzenfreunde
Teetrinker	Hundefreunde
Weinkenner	Naturfreunde
Pfeifenraucher	Pferdefreunde
Eisenbahnfreunde	Fahrradfreunde
Vogelfreunde	Kinderfreunde

Aufmerksamkeiten und herzliches Dankeschön für

Frauen mit Charme	den besten aller Väter
kluge Köpfe	den verständnisvollen Großvater
vielgeplagte Mütter	
unentbehrliche Großmütter	den besten aller Schwiegerväter
die beste aller Schwiegermütter	Strohwitwer
	nette Nachbarn
liebenswürdige Gastgeber	liebevolle Krankenpflege
meine liebe Frau	meinen lieben Mann
meine liebe Schwester	meinen lieben Bruder

Treffliche Breviere für große

Alter-Fritz-Kenner
Bach-Verehrer
Brahms-Verehrer
Beethoven-Bewunderer
Wilhelm-Busch-Freunde
Goethe-Freunde
Grimms-Märchen-Leser

Liszt-Freunde
Ludwig II.-Verehrer
Morgenstern-Freunde
Mozart-Verehrer
Schubert-Freunde
Wagner-Verehrer
Mark-Twain-Freunde

Für unerschrockene Liebhaber von

Gespenstergeschichten
Gruselgeschichten
Horrorgeschichten

Schauergeschichten
Vampirgeschichten
Spukgeschichten

Herzliche Aufmerksamkeiten

für liebenswerte Geburtstagskinder
für ein glückliches Leben zu zweit
für ein glückliches Leben im Ruhestand
zur Advents- und Weihnachtszeit
mit Advents- und Weihnachtsliedern
mit den besten Wünschen zum neuen Jahr
mit guten Wünschen für frohe Ostern
zum freudigen Ereignis
zur guten Besserung
mit den schönsten Liebesgedichten
zum Einzug in das neue Heim